RANG GUOXUE JINGDIAN
HUIGUI KETANG

让国学经典
回归课堂

金爱颖　王　伶◎著

团结出版社
UNITY PRESS

图书在版编目（CIP）数据

让国学经典回归课堂 / 金爱颖, 王伶著. -- 北京：团结出版社，2022.7

ISBN 978-7-5126-2399-6

Ⅰ.①让… Ⅱ.①金… ②王… Ⅲ.①国学—教育研究—中国 Ⅳ.①Z126

中国版本图书馆CIP数据核字(2022)第075055号

出　　版：团结出版社
　　　　　（北京市东城区东皇城根南街84号　邮编：100006）
电　　话：（010）65228880　65244790（出版社）
　　　　　（010）65238766　85113874　65133603（发行部）
　　　　　（010）65133603（邮购）
网　　址：http://www.tjpress.com
E-mail：zb65244790@163.com（出版社）
　　　　　fx65133603@163.com（发行部邮购）
经　　销：全国新华书店
印　　刷：旭辉印务（天津）有限公司

开　　本：670毫米×960毫米　16开
印　　张：8
字　　数：150千字
版　　次：2022年7月　第1版
印　　次：2022年7月　第1次印刷

书　　号：978-7-5126-2399-6
定　　价：29.00元

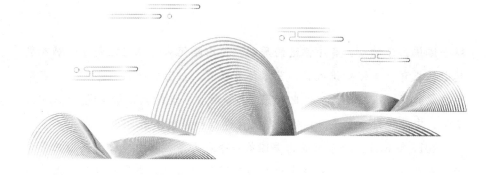

前　言

1912年1月19日，当时的中华民国临时政府教育部宣布废除小学读经课程，自那时至今一百多年，各地私塾和学校就不再教学经典。二十世纪末，全国各地开始有人逐渐要将读经教育重拾回来。2001年在北京师范大学，王财贵教授进行了倡导恢复读经教育的《一场演讲 百年震撼》的演讲，琅琅书声便如雨后春笋般"春回大地"。

2009年5月13日，时任中央党校校长习近平同志在讲话中指出："优秀传统文化书籍作为古今中外文化精华的传世之作，思考和表达了人类生存与发展的根本问题，其智慧光芒穿透历史，思想价值跨越时空，历久弥新，成为人类共有的精神财富。""优秀传统文化可以说是中华民族永远不能离别的精神家园。读优秀传统文化书籍，是一种以一当十、含金量高的文化阅读。"

2014年3月26日，教育部下发了《完善中华优秀传统文化教育指导纲要》（以下简称《纲要》），《纲要》中指出：青少年学生是祖国的未来、民族的希望，加强对青少年学生的中华优秀传统文化教育，对于培养中华优秀传统文化的继承者和弘扬者，推动文化传承创新，建设社会主义先进文化具有基础作用。加强中华优秀传统文化教育，是培育和践行社会主义核心价值观，落实立德树人根本任务的重要基础。

2017年1月25日，中共中央办公厅、国务院办公厅印发了《关于实施中华优秀传统文化传承发展工程的意见》（以下简称《意见》），《意见》提出：要围绕立德树人根本任务，遵循学生认知规律和教育教学规律，按照一体化、分学段、有序推进的原则，把中华优秀传统文化全方位融入思想道德教育、文化知识教育、艺术体育教育、社会实践教育各环节，贯穿于启蒙教育、基础教育、职业教育、高等教育、继续教育各领域。以幼儿、小学、中学教材为重点，构建中华文化课程和教材体系。

2017年6月，山东省成为全国第一个在小学、初中、普通高中三个学段全面开设《中华优秀传统文化》教育课程的省份，专门出台了《山东省中小学中华优秀传统文化课程指导纲要》。

读背中华经典文章一直是中华文化教育传承的主要方法之一。但是走到今天，很多开展读经教育的私塾基本使用一种方法，就是老实的、大量的、包本的读经方法。这似乎忘记了，教育孩子，让孩子读经的根本目的是什么。我们难道不是希望孩子通过学习祖先宝贵的经典，能够学以致用，成为一个如《学记》中所说的"化民易俗，近者说服而远者怀之"的人吗？

然而十几年的读经教育到现在，这样的人才大量涌现了吗？曾有一个读高中的孩子，用文章痛斥读经的经历在她成长中造成的伤害。读经教出了反对读经的学子，这如同"用自己的矛攻自己的盾"。

评判一种教育模式是否成功的标准是什么？

2018年5月2日，习近平主席在北京大学师生座谈会上再次强调指出："我们的教育要培养德智体美全面发展的社会主义建设者和接班人。国势之强由于人，人材之成出于学。"那么，这样的读经方法未来到底能不能培养出德智体美劳全面发展的人才？

从千年的历史经验看，经典教育势在必行，但我们必须重新思考以下问题：

作为学生，为什么要读经典？读哪些经典？怎样读经典？作为教师，为什么要教经典？什么样的经典教学，可以为国家培养人才，让学生一生幸福，让中华五千年优秀传统文化得以传承？

借此机会，我们与诸位同仁一起来探讨经典教学的理论与实践。个人的学识与经验有限，仅在此与大家共商。

目 录

第一章 经典概述

第二章 经典教学大纲

第三章 经典教学实践

第四章 经典吟诵教学

第五章 经典教学常见问题

第一章 经典概述

一、什么是经典

在进行传统文化教育时，常常会遇到"经典"一词，如"经典诵读""古代经典""读经"等。在其他领域也会遇到诸如"经典歌曲""经典画作""经典力学"，还有"经典游戏"等概念。那么，什么是经典？哪些作品可以称作传统文化概念的"经典"呢？

我们都知道，"经"字的本源意思是织布过程中的经线。织布机上的纵向的线叫"经"，横向的叫"纬"。基于此，地理学上假定的地球表面上通过两极并与赤道垂直的线，叫经线。由于经线具有"无限延伸"的特性，文学上又把持久流传的具有权威性的著作或宣扬宗教教义的著作称作"经书"，如：经典、道经、佛经等。

"典"字的基本义是可以作为标准的书籍：典籍、字典、词典、经典，引经据典。

基于此，一些关于标准、法则的书籍，称作"典章""典籍"，一些具有标准意义的事物，也称作"典故""典范""典型"等。

在弄清楚"经"和"典"的基本意思后，我们就很容易理解"经典"的内涵了。

"经典"指具有典范性、权威性、经久不衰的传世之作；也指经过历史选择出来的"最有价值的"作品；还指最能表现本行业的精髓、最具代表性、堪称完美的作品。

人们还对具有重大原创性、奠基性的著作称为"经"，如《老子》《论语》《圣经》《金刚经》等。有些甚至被称为"经中之经""群经之首"，比如中国的《易经》和佛家的《心经》就有此殊荣。

当然，"经典"绝不仅仅限于文字载体的经典，还包括其他形式的内容，如：京剧、国画、书法、篆刻等，从古到今一直流传下来的，具有中国的传统理念思维、中华传统美德、中华人文精神的传统文化内容，都堪称"经典"。

二、我们为什么要学习经典

我们先来探讨一个问题：今天我们为什么要学习经典？学习经典的真正意义在哪里？

初次接触经典教育是我第一次观看王财贵教授的《一场演讲 百年震撼》，我的感触特别深，发现原来读经典会给我们带来这么多的益处，作为中国人的自豪感油然而生。此后，开始跟随老师学习经典文化，起先是自己读，然后是教小朋友读，后来分享给更多的家长读。

在这个过程中，我遵照王教授的六字真言"小朋友，跟我读"。但是慢慢发现，孩子们开始还非常听话，跟着你读，但是后来渐渐地一提起经典就摇头，这是为什么呢？我开始思考：在印象中，电视里看到的古代孩子都是这样读书的，在当代为什么行不通呢？我意识到一个问题：经典教学的意义一定不只是"跟我读"。"一事不成必有一理不明"，读经的背后一定有一套完整的教学体系，探寻经典教学之路就这样开始了。期间，我查阅了很多资料，翻阅了前辈老师的书籍，例如：南怀瑾先生的《南怀瑾谈儿童读经教育》，徐健顺教授的《我所理解的中国古代教育》《当代学校国学教育构想》《放心的教育》《吟诵与教育》，陈琴老师的《经典即人生》，王登峰、陶继新老师的《经典教育让生命有根》，郭文斌老师的《弟子规到底说什么》等，慢慢发现，这些名师前辈的书籍当中有三个共同的特点：第一，对中华文化的情怀；第二，对文化复兴的决心；第三，对文化传承的实践。

这里转载王财贵教授在《儿童读经教育说明手册》中的一段文字，与大家共勉。

"读经"本来没有问题，但自一九一二年开始就出现了问题。一九一二年元月十九日，国民党政府第一任教育总长下令："小学堂读经科一律废止。"

可见，虽然清末是实施新制的小学堂，也还是读经的。同年五月，又下了第二道法令："废止师范、中小学读经科。"于是不仅没有读经的学生，也消灭了可教读经的教师。同年七月，且在全国第一届教育会议上提出"各级学校不应祭孔"的议案。他（指蔡元培——编者注）认为祭孔是宗教迷信，而想以"美育"来代替"宗教"。学校祭孔之风气从此断绝。这连续的三个动作对民族文化的继绝所关甚大，是中国教育史上应该大书特书的大事。

等到了1917年，"白话宣言"出来。1920年小学语文课全面改用白话文后，我们国人便渐渐连一般古文都看不来，更不用说"读经"了。这八十多年来，老、中、青几代的中国人，已经是不敢（也真不会）读经了！而中国人是不是因此更理性了？中国社会的文化教养是不是因此更提高了？是不是因为充分西化而更受外国人之敬重呢？当然历史不可重复实验来作比较，不过在一般人的心中，总难免有一些隐约的痛楚。切身的问题是：他的语文程度不够，他看见左右的人心量不广、涵养不深。他的人生态度无所依归，理想不敢坚持。其次是感受到社会正义的日渐消亡，君子之风的日渐远去，短视近利，诈虞日盛。尤其是近来犯罪率的增高，犯罪年龄层的降低，校园暴力事件的频传，显示出人心极度的空虚。人生方向感彻底的失落！这其实就是整个社会只顾发展经济而未能相应地提升国民文化教养所必致的后果。知识分子也愈来愈强烈地感受到：没有自我文化的民族，托钵乞怜的结果，纵有再大的天才本事，终究不能参与世界文明的创建，而永为其他民族所轻贱。

从语文方面说，"经典"正是最优美的文言文。所谓"大文皆自六经来"，有了经典的语文训练，看其他的古文书籍就不在话下了。能滨古文，对白话文之欣赏与写作也必多有帮助。从内涵方面说，"经典"是人生智慧的源头，是为人处世的准则，要修身养性、通达事理，以此最为便利。"经典"更是文化的根源所在，有了根源性的文化教养，很容易开发一个人的理性而涵养出深广的心胸和能力。我们深信一个有传统文化底子的中国人，才能用其所有贡献于世界。这样才是西方人所欢迎的，反而会得到西方人的敬重。而如果一位留学西洋的中国作家、律师、医生、钢琴家或科学家，先具有深厚的中国文化素养，应该不会妨碍其专业成就，反而将因此更富有创造的心灵。因为有了自我文化素养的人，才有足够的眼光来鉴察别人的文化，才有足够的能力来学习别人的文化。

（摘自王财贵著《儿童读经教育说明手册》）

读了王教授的这段文字，我们对于为什么学习经典、学习经典的意义应该非常清晰了。

对于今天，时代的发展日新月异，经典作为中华民族精神文明中最有价值的部分，如何让它重新发挥能量，成为民族复兴的一剂强心剂，已经成为我们的责任。所以，学习经典对于时代的发展和民族的未来有着重大的现实意义。

首先，学习经典是实现"立德树人"育人大计的需要。"不学礼，无以立"，古代哲人无一不认为德行是做人的根本，立德是教育的首要任务。有一位哲人曾经说过，世上有两样东西最值得敬畏，那就是头上的星空和心中的道德。道德是做人做事最基本的准则，如果没有道德，其他的一切都无从谈起。青少年时期是人的道德观念建立和形成的关键时期，要把立德树人作为这一时期教育的根本任务，把思想道德教育作为学校德育工作的中心任务，把经典中蕴含的中华传统美德作为传统文化教育的重中之重。

其次，学习经典是促进基础教育改革的需要。把经典作为课堂教学的重要内容是现时基础教育改革的需要。我国"改革开放"以来，为适应经济社会的发展和现代化步伐的迫切需要，科学知识学习的重要性被提高到前所未有的高度，这就在一定程度上削弱了道德教育，以至于当前的青少年功利主义、自我中心倾向比较突出，难以承担社会主义建设者和接班人的时代重任。特别是在小学阶段，由于德育教育学科化、成人化，造成孩子自理能力弱、公德意识弱、劳动观念薄弱等问题。这些发展中出现的弊端，应该引起我们的重视，并在传承传统美德的过程中得以弥补。

第三，学习经典是数字经济时代振兴中华的需要。把经典中孕育的中华文明作为教学重点，不仅仅是个体发展、家庭幸福和国家强盛的迫切需要，还是一个更宏观的时代考量。当今世界已经进入数字经济时代，互联网、大数据、人工智能正在颠覆传统的生活习惯、生产习惯和人与人之间的关系准则。科学的迅速发展，让一切体力劳动"轻松化"，让一切脑力劳动"傻瓜化"，但数字背后也造就了资源枯竭、环境污染等世界性难题。人类未来的生存几乎完全寄托在人类自身的道德约束上。道德，是人类未来的"平安保险"，而中华传统美德中"天下兴亡、匹夫有责"的担当意识，精忠报国、振兴中华的爱国情怀，崇德向善、见贤思齐的社会风尚，孝悌忠信、礼义廉耻的荣辱观念，潜移默化地影响着中国人的行为方式，也必将影响整个人类的行为方式。

我们试想一下，假如今天教给孩子们经、史、子、集，或者那些我们觉得"最有价值的书"，包括那些"传统教育思想"，在若干年后，我们理想中的他们会成为什么样的人呢？

我想，我们可以用四个字来概括，叫作"内圣外王"。内能修身养性，外能治国安邦，这是我们追求的目标，是经典教育真正要培养的人。那么，这个目标到底应该如何来实现呢？今天我们就共同来探讨怎样教经典。

三、一本经典教学宝典
——《尊经阁记》

习主席说："优秀传统文化是中华民族永远不能离别的精神家园。"他多次强调，优秀传统文化书籍"其智慧光芒穿透历史，思想价值跨越时空"，在他看来，"读优秀传统文化书籍，是一种以一当十、含金量高的文化阅读，可以提高人文素养，增强对人与人、人与社会、人与自然关系的认识和把握能力，正确处理义与利、己与他、权与民、物质享乐和精神享受等重要关系"。

作为老师，我们通过教经典来传承和传播优秀传统文化，但是对于怎样教经典，如果只知其然不知其所以然，还不能称为是合格的经典老师。我们不但要有文化自信，更要明白经典到底要告诉我们什么，经典的文字中流淌着圣贤怎样的情怀？只有把这些问题了然于心，我们才能清楚地知道怎样在经典与孩子的心间架起一座桥梁，把优秀文化的思想传递给孩子们。

那么，经典到底要告诉我们什么？首先给大家介绍一部"经典教学宝典"——《尊经阁记》，它的作者是王阳明。王阳明是心学集大成者，与孔子、孟子、朱熹并称为儒家的孔、孟、朱、王。曾国藩曾这样评价他："王阳明矫正旧风气，开出新风气，功不在禹下。"王阳明先生曾著有两部重要论著，都与经典教育有关，一部是《尊经阁记》，还有一部是《社学教条》，经典老师应该仔细研读这两部经典。

那么，王阳明为什么要写《尊经阁记》呢？明朝当时读书人的风气也不好，在一些有识之士的推动下，有人建造了一个尊经阁，并请王阳明先生去写一篇"记"，于是他就写下了这篇佳作《尊经阁记》，就是为了说明"尊经"的重要性，让大家真正重视经典。在这篇佳作当中，对于"经典到底在讲什么""我们为什么要学习经典""经典应该如何使用"，都说得详尽透彻。

从事经典教学的老师，《尊经阁记》最好能通背下来，背下来有一个什么好处呢？圣贤的"叮嘱"能随时跳出来反复提醒你，让你想用就用。这也是我们让孩子读经的其中一个目的。

我们先来看《尊经阁记》的第一段：

经，常道也。其在于天，谓之命；其赋于人，谓之性。其主于身，谓之心。心也，性也，命也，一也。通人物，达四海，塞（sè）天地，亘古今，无有乎弗具，无有乎弗同，无有乎或变者也，是常道也。其应乎感也，则为恻隐，为羞恶，为辞让，为是非；其见于事也，则为父子之亲，为君臣之义，为夫妇之别，为长幼之序，为朋友之信。是恻隐也，羞恶也，辞让也，是非也；是亲也，义也，序也，别也，信也，一也。皆所谓心也，性也，命也。通人物，达四海，塞天地，亘古今，无有乎弗具，无有乎弗同，无有乎或变者也，是常道也。

"经，常道也。""经"是什么，常道也。《易经·系辞》中说：道者"百姓日用而不知"。"道"是什么呢？"道"就是万事万物的规律。我们现在能理解的有科学规律，有自然界的规律，如一年四季变换、地球围绕太阳转等。在人心上也有规律吗？有。阳明先生说，"其在于天，谓之命"，在天地之间，有大自然的规律，也叫作天命。"其赋予人，谓之性"，规律作用于人类，叫作天性，"人之初，性本善"的那个"性"。"其处于身，谓之心"，这个自然界的恒常不变的规律在我们每个人身上是如何体现的呢？就是我们人人都拥有的那颗心。"心也，性也，命也，一也"，心、性、命，都是一体的，心的状态直接决定一个人的命运。"通人物，达四海，塞天地，亘古今，无有乎弗具，无有乎弗同，无有乎或变者也，是常道也。"这个"道"四海相通，无论是人与人之间，人与物之间，还是人与天地之间，从古到今都未曾改变，所以它是永恒不变之道。

"其应乎感也，则为恻隐，为羞恶，为辞让，为是非；其见于事也，则为父子之亲，为君臣之义，为夫妇之别，为长幼之序，为朋友之信。"道表现在人的情感世界里，便是恻隐之心，羞恶之心，谦让之心，是非之心；表现在人际关系中，便是父子之亲，君臣之义，夫妇之别，长幼之序，朋友之信。

"恻隐之心，羞恶之心，谦让之心，是非之心"出自《孟子·告子章句上》。孟子说："恻隐之心，人皆有之，羞恶之心，人皆有之。恭敬之心，人皆有之，是非之心，人皆有之。恻隐之心，仁也；羞恶之心，义也；恭敬之心，礼也；是非之心，智也。仁义礼智，非由外铄我也，我固有之也，弗思耳矣。故曰：

'求则得之，舍则失之。'或相倍蓰（xǐ）而无算者，不能尽其才者也。"

《孟子·滕文公章句上》中也有一段话："人之有道也，饱食、暖衣、逸居而无教，则近于禽兽。圣人有忧之，使契为司徒，教以人伦。父子有亲，君臣有义，夫妇有别，长幼有序，朋友有信。"这段话告诉我们，人之所以为人，如果光吃饱了，穿暖了，住得安逸了，但是没有教养，那就和禽兽差不多。于是圣人又为此而担忧，派契做司徒，用人与人之间应有的伦常关系和道理来教育百姓，让百姓明白：父子之间有骨肉之亲，君臣之间有礼义之道，夫妻之间有内外之别，老少之间有尊卑之序，朋友之间有诚信之德。

可见，"恻隐之心，羞恶之心，谦让之心，是非之心"是每个人与生俱来的本质，即所谓人之"性"，也是"仁、义、礼、智、信"的萌芽。而万事万物的根本规律都具足于人的本性之中，只需将它们发现和发挥出来，便能成德。"父子之亲，君臣之义，夫妇之别，长幼之序，朋友之信"则是人伦之道，是每个人应当具备的基本道德。而人伦之道源于本性使然。人之"四心"内在于自觉，若"尽性"修养出浩然之气，则人道伦常合于天道，当达"万物皆备于我"之境，方可达致天人合一，即"心也，性也，命也，一也"。所以，仁义礼智信的美德我们天生便有，"求则得之，舍则失之"，关键就在于我们自己有没有觉悟到这些东西。

我们再来看《尊经阁记》的第二段：

以言其阴阳消息之行焉，则谓之《易》；以言其纪纲政事之施焉，则谓之《书》；以言其歌咏性情之发焉，则谓之《诗》；以言其条理节文之着焉，则谓之《礼》；以言其欣喜和平之生焉，则谓之《乐》；以言其诚伪邪正之辨焉，则谓之《春秋》。是阴阳消息之行也，以至于诚伪邪正之辨也，一也，皆所谓心也，性也，命也。通人物，达四海，塞天地，亘古今，无有乎弗具，无有乎弗同，无有乎或变者也。夫是之谓六经。六经者非他，吾心之常道也。

这段是在总述六经《易经》《尚书》《诗经》《礼记》《乐经》《春秋》与道及人心的关系。"以言其阴阳消长之行焉，则谓之《易》。"《易经》是群经之首，是阐述天地世间万象变化的古老经典。《易经》讲天地万物都处在永不停息的运动与发展之中，而万事万物的运动发展皆有规律，这些规律都可以用阴阳消长的运行来解释。当一件事物达到"一阴一阳"的阴阳平衡的状态时，就呈现出一种协调、一种和谐，也就是所谓的在"道"上。那么，整部《易经》用六十四卦三百八十四爻浓缩了世间万事万物，谆谆告诫世人什么样的情况是吉（吉祥的，有福的，善的）、什么是凶（凶险的，有祸殃及身的）、悔（让人悔恨的，穷困的）、吝（有些艰难的，能逢凶化吉的）。那么，《易经》中所言的趋吉避凶的方法总结下来都可以归结于人的"心"上。它既教我们要有"其亡，其亡，系于苞桑"的忧患意识，又告诉我们要有"潜龙勿用"到"飞龙在天"的自强不息的精神。中国人骨子里谦卑的品德更是源于《易经》"谦卦"对做人基本品格的诠释。品味《易经》就是在品味生命的价值，品味人心的"一阴一阳之谓道"的意味。孔夫子晚年的时候一直在反复地研读《周易》，并将研究心得写成《易传》，也成就了"韦编三绝"的一则典故。

"以言其纪纲政事之施焉，则谓之《书》。"《尚书》又称《书经》，是中国第一部上古历史文件和部分追述古代事迹著作的汇编，是讲治国之"道"的。《三字经》里有一句话："有典谟，有训诰，有誓命，书之奥。"书就是指《尚书》，有典谟，有训诰，有誓命，一共是六篇。一典，是立国的基本原则；二谟，即治国计划；三训，即大臣的态度；四诰，即国君的通告；五誓，起兵文告；六命，国君的命令。这些内容类似现在国家的政府档案，可以让我们了解古代君王是如何当君王的，臣子又是如何当臣子的。

我们熟知的四书《大学》中论述了一个君子从"正心""诚意"至最终的"治国""平天下"的心路成长历程。那么《尚书》就是记录明君贤臣成长为内圣外王的境界后，凭以此心"治国""平天下"的一本经典。后世治国贤士也多对照《尚书》反思军国大事和治国理政的功与过。《尚书》在通过故事不断地劝说人们：做人，尤其做君王或者臣子，首先要成为一个心性上"克明俊德"之人。

"以言其歌咏性情之发焉谓之《诗》。"《诗经》是中国古代最早的一部诗歌总集。《诗经》内容丰富，反映了劳动与爱情、战争与徭役、压迫与反抗、风俗与婚姻、祭祖与宴会，甚至天象、地貌、动物、植物等方方面面，是周代社会生活的一面镜子。

《诗》是诗人真境界与真性情的流露，人性的一切善心都可以在诗歌中得以体现和体会。比如：《诗经·小雅·鹿鸣》的"呦呦鹿鸣，食野之苹。我有嘉宾，鼓瑟吹笙。吹笙鼓簧，承筐是将。人之好我，示我周行"，诗中描绘出为了迎接远方的客人，殿堂上琴瑟歌咏，宾主之间的互敬互融的热闹场面。当远方的客人到来的时候，主人从心底里生发出喜悦之情，就想写诗来欢迎他，这就是"歌咏性情之发焉"。

这句诗中对我启发最大的是"人之好我，示我周行"，刚刚学习文化几年之后终于有些明理了，明理后就想将理落实在生活中的每一个当下，真正做一个知行合一的儒雅君子。可开始时我却深陷于过去的生活习惯中，找不到成长的方向。后来有一次我教学这首诗，在备课时，在反复体味其意找到合适的吟诵调子去表达的时候，豁然开朗。"人之好我，示我周行"就在为我指明方向。别人对我周到的关照，让我感觉到温暖的行为都是我学习的楷模，我就如法炮制去对待别人就对了。还有一次，我们教授了《诗经》中的"黍离"一首诗，一位学生的父亲在家中感叹道：知道我的人……孩子偶然间听到，立刻唱着接道"知我者，谓我心忧；不知我者，谓我何求？"爸爸立刻惊在那里，眼泪都要流出来了，就感觉从两千多年前传来一个与他当时心境如此相合的声音。这个事情也正好应了《尊经阁记》中对道的解释：通人物……亘古今……无有乎或变者也。人同此心，心同此理啊！

《礼记·经解》中也有一句话："入其国，其教可知也；其为人也，温柔敦厚，诗教也。"所以，诗歌可以感化人心，教化民众为人处世变得"温柔厚道"，从而使人内心达到这样一种境界的提升。这也就是《诗经》的魅力。

接下来就说到《礼记》了。"以言其条理节文，则谓之《礼》。"《礼记》主要记载了周代的婚丧嫁娶、家族制度、社会风俗等礼法和礼节。《礼记》包罗万象，其内容体现了先秦儒家的哲学思想、教育思想、政治思想、美学思想等，是一部儒家思想的资料汇编。我们中国被称为"礼仪之邦"，就来源于《礼记》。

《礼记》的缘起是对民众从外部形式入手进行教化，最终达到内心道德的养成。礼教的核心是外在的庄俭与内在的恭敬合一，即敬天，敬地，敬人和惜物，礼教的根本是注重内在道德的养成。所以，我们学"礼"除了指导我们遇到大事如何体面、庄重、周到地去化解之外，更重要的是回归"礼"的本质，就是"心性的养成"，主要是敬天爱人的心性的养成。当我们遵照《礼记》中的礼节去做，才能让别人内心感觉到被尊重、舒适、喜悦和感恩，才能让"礼"成为人们内心道德的外现。

"以言其欣喜和平之生焉，则谓之《乐》"。很遗憾的是，这个《乐经》现在已经失传了。孔老夫子相当注重礼乐教育，《孝经》中说道：移风易俗，莫善于乐。礼乐可以化人心。古人善用"乐"表达"欣喜和平"等丰富的情感。现代人同样需要用善美的音乐滋养我们善的情感，激发人们对真善美的感受与共鸣。比如我们在革命时期所创作的，传唱整个中国的那些"革命歌曲"，像《南泥湾》《东方红》《浏阳河》《映山红》等这些歌曲，旋律一经响起，人们心中就激荡起对祖国和党的无限热爱之情，让人们对祖国的繁荣强大充满信心。

太阳谷（华夏）学校非常重视礼乐教育。首先就是通过选歌，把适合孩子听的，能给他们传递正能量的歌曲在早餐时、中午午休前和晚餐时分、晚上放学时在校园里播放，校园里充满了歌声。有主题周时，我们就播放跟当周主题一致的歌曲，母亲节前放爱妈妈的歌，教师节播放教师之歌，祭孔大礼前熟悉盛赞圣贤的歌曲，国庆节前后选取爱国歌曲等。孩子们听歌的能力很强，没几遍就能开口唱了，一遍一遍地唱。学校还经常举办红歌大赛，都是学生们自愿报名，自主练习，自己参与竞赛。每年学校还有年会表演，要表演吟诵和歌曲。我们发现，孩子们的心在善美的音乐的滋润下越来越慈柔。这就是"润物细无声"的教育啊！

"以言其诚伪邪正之辨焉，则为之《春秋》。"《春秋》即《春秋经》，是我国第一部编年体史书，也是周朝时期鲁国的国史，由孔夫子修订而成。夫子用极为简练的语言把春秋当时的所有大事准确地记载下来，几乎每个句子都暗含褒贬之意，被后人称为"春秋笔法""微言大义"，所以才有了"孔子作春秋，乱臣贼子惧"的说法。《春秋》有大义，将当时社会上所出现的乱象予以褒善贬恶，希望借此"历史经验"，警诫后人。所以，《春秋》一书也树立了后世人心中辨别真假善恶的标准和立场。本段最后说："是阴阳消长之行也，以至诚伪邪正之辩也，一也，皆所谓心也，性也，命也。通人物，达四海，塞天地，亘古今，无有乎弗具，无有乎弗同，无有乎或变者也。"无论是阴阳盛衰的运行，以至于真假邪正的评价，都是与"心""性""命"相同的真理，都是覆盖天地万物，四海相通，贯穿古今，无处不在，永恒不变的规律。

"夫是之谓六经。六经者非他，吾心之常道也。"所以，六经所说不是别的，就是我们心、性、命之"常道"，就是在告诉我们每个人都要做一个心与天地大道相应的谦谦君子。

接下来我们看《尊经阁记》的第三段：

是故《易》也者，志吾心之阴阳消息者也；《书》也者，志吾心之纪纲政事者也；《诗》也者，志吾心之歌咏性情者也；《礼》也者，志吾心之条理节文者也；《乐》也者，志吾心之欣喜和平者也；《春秋》也者，志吾心之诚伪邪正者也。君子之于六经也，求之吾心之阴阳消息而时行焉，所以尊《易》也；求之吾心之纪纲政事而时施焉，所以尊《书》也；求之吾心之歌咏性情而时发焉，所以尊《诗》也；求之吾心之条理节文而时着焉，所以尊《礼》也；求之吾心之欣喜和平而时生焉，所以尊《乐》也；求之吾心之诚伪邪正而时辨焉，所以尊《春秋》也。

这段内容告诉我们：《易经》阐述的是我们内心阴阳消长的规律。《尚书》讲的是我们每个人的心都要符合君仁臣忠的道理。《诗经》是告诉我们如何恰当地抒发我们内心的真情实感。孔老夫子在《论语》中评价《关雎》是乐而不淫，哀而不伤。也说《诗经》"一言以蔽之，曰：思无邪！"《礼记》讲的是我们心里都应该有的礼仪标准。守好自己的心，那就是最好的礼。《乐经》表达的是我们内心的欣喜和平。《春秋》则是表达我们内心善恶邪正的价值观。

"君子之于六经也，求之吾心之阴阳消息而时行焉，所以尊《易》也。"君子该如何对待六经才算是尊重它，才算是告慰了古圣先贤呢？当你懂得观照自己内心的阴阳消长，寻求符合仁人爱人的处世之道，有节制的歌咏性情，用心感受和尊重他人的条理节文，内心不增不减，保持欣喜和平，用良知坚守诚伪邪正，无论遇到任何事，问自己的"良知"，心平气和地来反观自己的内心，应该就有答案了。

以上这两段阳明先生就是来告诉我们："经典到底在说些什么？我们应该怎样使用经典？"从这两段当中，我们是否对经典有新的理解呢？

我们继续来看《尊敬阁记》的第四段：

> 盖昔者圣人之扶人极，忧后世，而述六经也，由之富家者支父祖，虑其产业库藏之积，其子孙者，或至于遗忘散失，卒困穷而无以自全也，而记籍其家之所有以贻之，使之世守其产业库藏之积而享用焉，以免于困穷之患。故六经者，吾心之记籍也，而六经之实，则具于吾心。犹之产业库藏之实积，种种色色，具存于其家，其记籍者，特名状数目而已。而世之学者，不知求六经之实于吾心，而徒考索于影响之间，牵制于文义之末，硁硁然以为是六经矣。是犹富家之子孙，不务守视享用其产业库藏之实积，日遗忘散失，至为窭人丐夫，而犹嚣嚣然指其记籍曰："斯吾产业库藏之积也！"何以异于是？

这一段内容告诉我们什么呢？圣人忧国忧民，他们为了匡扶后世，怕后代子孙不知道经典，所以就著述了六经来教导后人。这就像一个富贵人家的祖辈，担心他们的产业和库藏中的金银财宝，到子孙手里会被遗忘散失，不知哪一天陷入穷困潦倒的地步，因而把记录下家中所有财富的账目留给子孙，好让他们知道家里有哪些财宝，让后代子孙能够永远守住这些产业和库藏之积而得以享用。

所以，六经是什么？六经是圣贤记录的心与命运之规律的账本，而六经之实，其实就在我们每个人的内心当中。"犹之产业库藏之实积，种种色色，具存于其家"，就是说我们内心当中，有很多宝藏：有恻隐，有羞恶，有辞让，有是非，有大道。六经只是一个账目，而现在的学者呢，不知道遵循六经向自己内心去求，而只是拘守于文字训诂的细枝末节，满足于将六经解释得漂亮。"硁硁然以为是六经矣"，鄙陋地以为那些就是六经了。就像富家子孙不务正业，不好好守护家族祖先的这些财宝，"日遗忘散失"，渐渐地都丢了，终于变成穷人乞丐，却还"嚣嚣然"指着他的账目跟别人说："看我多富有，金银财宝都列成一本书！"这跟后世学子只学经典的文字，而不注重修心有什么差别呢？

阳明先生这段话的核心思想是什么呢？这段话里揭秘了圣人为什么要写经典。古代圣人们为了匡扶人间正道，担心后世人道的没落、人心不古而著述了六经。经典就像一面照妖镜，提醒着我们不要迷失本性。圣人就是担心我们后世子孙一代不如一代的这样下去，所以才写下了宝贵的经典。可是后世子孙把这些经典只看成漂亮的文字而已，"习训诂，传记诵"，就像在念账本一样，真是愧对圣人的一片苦心。

我们来看《尊敬阁记》的最后两段：

呜呼！六经之学，其不明于世，非一朝一夕之故矣。尚功利，崇邪说，是谓乱经；习训诂，传记诵，没溺于浅闻小见，以涂天下之耳目，是谓侮经；侈淫辞，竞诡辩，饰奸心盗行，逐世垄断，而犹自以为通经，是谓贼经。若是者，是并其所谓记籍者，而割裂弃毁之矣，宁复之所以为尊经也乎？

越城旧有稽山书院，在卧龙西冈，荒废久矣。郡守渭南南君大吉，既敷政于民，则慨然悼末学之支离，将进之以圣贤之道，于是使山阴另吴君瀛拓书院而一新之，又为尊经阁于其后，曰："经正则庶民兴；庶民兴，斯无邪慝矣。"阁成，请予一言，以谂多士，予既不获辞，则为记之若是。呜呼！世之学者，得吾说而求诸其心焉，其亦庶乎知所以为尊经也矣。

"呜呼！六经之学，其不明于世，非一朝一夕之故矣。"这种现象的出现已经不是一朝一夕了。紧接着，阳明先生指出三种错误的学习经典的方式：

"尚功利，崇邪说，是谓乱经。"当人们都重视功利，崇尚歪理邪说，这叫作淆乱经义。如果经典不再是用来修自己的心，而是被利用，断章取义，去诟病别人，来支持自己的功利心，这是乱经。

"习训诂，传记诵，没溺于浅闻小见，以涂天下之耳目，是谓侮经。"如果作为经典老师，只是教授学生文字训诂，只让孩子们去背诵这个经典，然后浅浅地理解这个经典，这是在侮辱经典。这种现象最值得我们注意，阳明先生告诫我们，经典教学如果只是满足于记诵经典或者浅闻小见，而不是让学生掌握经典的精髓，理解和继承圣贤们的心愿，实现文化传承，让世世代代的读书人继承和发扬做人的优良传统，修身，齐家，治国，平天下，那其实是对经典的一种侮辱。

"侈淫辞，竞诡辩，饰奸心盗行，逐世垄断。"就是不负责任地发表怪诞的论调，引经据典地为自己辩护，掩饰自己的罪恶行为，更做不到知行合一，这是在残害经典。

"若是者，是并其所谓记籍者，而割裂弃毁之矣，宁复之所以为尊经也乎？"像这样的人，完全不懂得什么是尊重经典。如果让这样的人来代表经典，代表文化，为古圣先贤来代言，经典很容易被推翻，文化很容易走向消亡。1918 年中国曾出现过废经运动，那时候的读书人孔乙己就是一个代表，成天只知道读书，也不做事，还看不起别人，国家危亡之际，不能站出来舍生取义，还自以为"什么都懂"。或者像汪精卫，看似读书人，却成了举世闻名的汉奸，这些都是在侮辱经典。

最后一段讲到《尊经阁记》的来源了。越城过去有稽山书院，在卧龙西岗，荒废已久了。知府渭南人南大吉君，在治理民政之暇，即慨然痛惜晚近学风的颓败，期望当世学风重归于圣贤之道，于是命山阴县令吴瀛君将书院扩大，又建造一座尊经阁于书院之后，说道："经学归于正途则百姓就会振发，百姓振发那便不会犯罪作恶了。"所以，尊经阁落成后，就请阳明先生去作了这篇《尊经阁记》。于是，阳明先生发出了这样的感慨："呜呼！世之学者，得吾说而求诸其心焉，其亦庶乎知所以为尊经也矣。"世间的读书人，如果你们看懂了我的这篇《尊经阁记》，懂得读经是为了明理于内心，修正自己的这一颗心向"道"而行，那才算接近于知道怎样才是真正的尊重六经啊！

学习了这篇《尊经阁记》，我们大概可以总结出来经典到底是什么？经典是圣贤们符合道的圆满的心性的展现，它并不是文字，并不是训诂，它是从圆满的心性中流露出来的思想和行为。

什么样的人能够被称为圣贤？有三个层面的境界：

第一层境界叫"圣言"，就是留有经典可传承于后世，这个已经很了不起。

第二层境界叫"圣功"，不仅留下了经典，他还功于时代，像王阳明、周恩来总理，他们以忧国忧民的情怀，做着为大众解苦的事迹，这是圣功。

最深一层境界叫"圣心"，或者叫圣贤的境界。我们教孩子经典内容，内容是哪一部分？第一部分，"圣言"。我们有没有教给孩子"圣功"呢？讲述他们的故事，让孩子们乐于付出自己，有帮助别人幸福的能力。我们有没有带孩子们去体悟"圣贤的境界"？那种高远的、悲天悯人的情怀，让他们感受着，向往着，感动着……

古圣先贤到底为什么要著述经典？他自己一生幸福就可以了，为什么还苦心孤诣留下经典给我们？他们写经典仅仅只是为了让后人背会吗？只把经典背会，就能体悟到"圣贤的境界"吗？

所以，通过《尊经阁记》的学习，古圣先贤为什么著述经典？经典到底在说什么？我们应该怎么样去用好经典？这三个问题都有答案了。经典说的是什么？从宏观来说，说的是道，万事万物客观之道，人类通向幸福之道；从微观来说，说的是心，人心的运作规律。"人心惟危，道心惟微，惟精惟一，允执厥中"，这是儒家十六字心法。

那么，从这篇文章中我们也能明白百姓们学经典的好处在哪里呢？"经正则庶民兴；庶民兴，斯无邪慝矣。"我们期待经典能重新回归大众的生活中，焕发新的生命力，滋养一代人传承民族精神，振奋中国力量，共筑中国梦。

四、经典的体相用

世间万事都有其体、相、用。

所谓体，就是事物产生之初的因缘，因何而生，因何而做。所谓相，就是事物的组成，运作实践的过程，显现出来的能看得见的一切事相。所谓用，就是事物的作用，价值，意义。

经典也有其体、相、用。每一部经典甚至其中的一小段也都有它的体、相、用。那么，经典从体、相、用三方面来分析，到底是什么样的境界呢？

我们先来看看《尊经阁记》的"体""相""用"。《尊经阁记》的体就是解释所有经典的本质是直通人心的道。它的"相"是《尊经阁记》以及六经的文字内容。它的"用"呢？有人把它当成经典教学的"说明书"，有人把它当成一部经典来滋养我们的身心，也有人觉得它是来指导我们的行为规范的，大家各取所"用"，都很好。

我们对《尊经阁记》的体、相、用有了深刻的认识之后，再来分析一下经典的"体"是什么？"相"上展现的是什么？有什么样的"用"？

经典的出现源于圣贤的悲愿，是圣贤圆满的心性，这是它的"体"，《尊经阁记》中说："六经者非它，吾心之常道也。""故六经者，吾心之记籍也。"六经的本质在我们的心上都有，"百姓日用而不知"，圣贤把它记述下来，化育天下。它的"相"是我们所看到的，每天诵读的文字、典籍；我们读诵它的方法，比如有些人用朗读，也有些人喜欢吟诵，这些都是相。它的"用"呢，在自身是自利，就是为了让我们学会做人，提升我们内在的心性，让自己和家人能够幸福；在社会是利他，就是能化民易俗，造福社会。利他和自利是一体的。

作为经典老师一定要把握住经典的"体""相""用"，不能只看表面的文字，一定要把这种圆满的心性和悲悯的情怀传递给孩子，以提升孩子们的心性，这就是传道，只有传道才能让经典发挥其"用"，实现传承文化、幸福人生的宗旨。

明白了体、相、用的道理，我们在经典教学中，就要先把握住经典教学的"体"，即教学宗旨，要搞明白我们为什么要教经典。因为明"体"方能达"用"。能否达成宗旨是衡量经典教学的一个标尺，宗旨落实就有据可依。我们平时带领学生诵读的是经典的文字，即相，要由相入体，明体达用。通过演说圣贤的功勋，引导学生回归圣贤的本怀，闻其言而知其心，知其心而明其道，明其道而达其用。

所以，经典教学知其"体"，"相"上如何展开教学就更加清晰和灵活了。为了让孩子感受到圣贤的情怀，为了在每一堂经典课上都能打动孩子的心，实现传道的教学目标，我们在"相"上当然不能只是诵读和背诵。让孩子们跟我唱，听我讲故事，一起来表演，可不可以呢？当然可以。

比如在讲一部经典的时候，对于这部经典的来源我们要给孩子们用不同形式反复地讲。讲到《千字文》的时候，我会讲到周兴嗣的故事。在梁武帝时代，梁武帝想让他的子孙们把汉字记牢、学好，就把大臣中最有学问的周兴嗣请来，给了他一个艰巨任务，要他用 1000 个不重复的字编成一部经典，让子孙们能够读起来朗朗上口。周兴嗣回去以后竟然一夜成文，第二天拿到梁武帝跟前，梁武帝拍案叫绝，抬头一看，哎呀，周兴嗣头发全白了。我们不禁感慨，那一夜是怎样的一个夜晚啊。

像这样的故事我们会不断地讲给孩子们。我问孩子们，周兴嗣是怎样的一个人呢？学富五车。当时所有的经典他都烂熟于心。猜猜他曾经背过哪些经典呢？孩子们纷纷说《易经》《论语》《大学》《中庸》等，最后写出一黑板。在这样的过程中，孩子们了解到原来中华经典有这么多，要想成为他那样的大家，你就必须要学会这些经典。过两天，我还会再问孩子们：周兴嗣怀着一颗什么样的心，才能撰写出这样一本涵盖天文地理和人文历史，包罗万象的百科全书？让我们来再读一遍《千字文》，来感受周兴嗣的那一颗心。也许孩子们读着读着就忘了去感受周兴嗣的情怀，但是每次我都从不同的角度去给他们解读这部经典，带领他们一点一点去体悟圣贤的境界。

还有孔子的故事，我反复跟孩子们讲，讲他从小勤学，长大以后如何坚守天下大"道"，追求大同世界的梦想；讲他十三年颠沛流离，被困于陈蔡之间也不放弃；讲多少帝王将相对他的仰慕，建立孔庙来缅怀和追思他。

孩子们都喜欢听故事，所以，我们就不断地用故事让孩子们去体悟圣贤的心胸，圣贤的悲愿。也许我们的学生中间就有未来的圣贤，他听到这些故事就被唤醒了，心里也默默地发出了悲天悯人的大愿。

所以，经典教学中特别要注意，不能一味地"执相而求"，只是追求孩子读了多少部经典，背了多少字。王阳明先生在《社学教条》中强调："量其资禀，能二百字者，止可授以一百字，常使精神力量有余，则无厌苦之患而有自得之美。"孩子们每日能学两百字，那最多就教他一百字，好使他总是有余力，不厌烦读经还对自己有信心。"讽诵之际，务令专心一志，口诵心惟，字字句句，绸绎反覆，抑扬其音节，宽虚其心意。"孩子们读经的时候，也要关注孩子们的专注力。

让孩子专注的读法之一就是吟诵。吟诵就是把经典的每个字拖长，根据文章的深意对每个字有长短高低的变化，连贯起来像唱歌一样，孩子反复在吟诵中感悟经典内在的深意，所以叫"口诵心维，字字句句，绸绎反覆，抑扬其音节，宽虚其心意"。

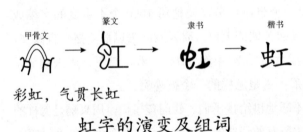

彩虹，气贯长虹

虹字的演变及组词

读经后，可以通过给孩子们讲故事、讲道理来解经，也讲解有意义的字。比如，我们给孩子们讲甲骨文，讲古人造这个字的本义是什么。比如：彩虹的虹，它的甲骨文是这样画的，那古人创造这个字，是什么意思呢？古人看到雨过天晴之后，天空中悬挂了一条彩带，他们觉得太神奇了，那一定是有两条神龙在支撑着彩带吧，所以人们就把这个虹字这样写：画了一个弯，像彩带，彩带的两端是两条龙。爬行动物都叫"虫"，所以虹字是一个虫字旁，右边的工字就是彩带的意思。我们就是通过这样的训诂，讲解字的音、形、意，让孩子们对文字产生链接，跟古人产生链接。

作为经典老师，我们的每一堂课都要先想一想：这堂课，我们到底要给孩子们传递什么？我们呈现的内容和方法能否让孩子跟圣贤的心愿链接？能否让孩子们跟未来的幸福人生链接？这就是对"体"，对学科宗旨的把握。相信我们念念不忘，必有回响。

第二章 经典教学大纲

我们知道了经典的内涵和体相用的道理，那么我们如何依据经典教学的体、相、用来做好经典教学呢？

任何一门学科都应依据其体、相、用来制定教学大纲，其内容至少包含这样五部分：

第一，为什么教（体），即学科宗旨；

第二，教什么（相），即教学内容；

第三，怎么教（相），即教学方法；

第四，为什么这样教（体），即前三项所依托的教育原理；

第五，教到什么成果（用），即阶段性教育目标。经典教学也要依据体、相、用，围绕宗旨，逐项落实教学大纲的实施。

一、经典教学的宗旨

记得有一次，一位园长来请教我们，怎样教经典？我反问她，您为什么要教经典？如果这个问题没有搞明白，谈方法为之过早。这里所谈的就是学科宗旨，所有学科都有各自的宗旨，比如，为什么教语文，为什么教数学，为什么教音乐？学科宗旨不清晰，这个学科就失去了方向和判断标准，我们教得对不对，辨识不出来。

学科宗旨从属于教育大宗旨，那么，教育的宗旨是什么？从人类发展历史来看，教育因何而出现，它的出现对人类社会的贡献是什么？

人类走过几千年历史，大方向从来没有改变——为了追求更加幸福的生活。从过去到现在，乃至于未来。我们的父母勤俭持家，我们读书来到城市工作，都是为了追求更加幸福的生活。人类带着这样的追求，在几千年历史发展中，积累和发明了很多与幸福相关的经验和技术，我们把这些经验和技术统称为文明。习近平主席说："中华民族具有五千多年连绵不断的文明历史，创造了博大精深的中华文化，为人类文明进步作出了不可磨灭的贡献。"

文明是怎么产生的？人类怀着对幸福生活追求的心愿而发现发明的各种思想与技术。

人类有两大需求：物质需求和精神需求，从而引发产生了两大文明体系，即物质文明和精神文明。物质文明的发展提升了我们的物质生活质量，而精神文明的发展使我们身心和谐，人际关系和谐。两种文明共同发生作用，给我们带来了越来越美好的生活。

那么，历史一直在往前走，文明来之不易，两大文明体系的延续，是人类幸福生活的保证。人类的文明要传承给后人，担负起文明传承重要责任的是社会中哪一个行业？教育！

习近平主席还指出："教育是人类传承文明和知识、培养年轻一代、创造美好生活的根本途径。"人类历史上之所以出现教育，就是要把文明延续下来。传承精神文明以不断改善我们的精神生活，传承物质文明以不断改善我们的物质生活。再从治国来看，社会的发展离不开人才，而人才又从哪里培养呢？"国势之强由于人，人材之成出于学"，教育当下的作用就是人才的不断涌现。那么，为人类传承文明与为国家培养人才，两者是什么关系呢？人才是人类文明的继承者和实践者，杰出人才是人类文明的继承者与创新者！当一名学生能够继承人类的精神文明时，必然显现为有德；同理，当一名学生能够继承与发扬人类的物质文明时，必然显现为有才。一个德才兼备的人，不正是我们国家所需要的人才吗？

 精神文明——人文思想→德
物质文明——科技知识→才

那么，学生的幸福人生是如何实现的呢？教育，就是让学生成为人类文明的受益者。一个学生既有文化又懂知识，既有德又有才，这样的人生怎么会不幸福？所以，教育的大宗旨是"为人类传承文明，为国家培养人才，给学生幸福人生"。也正是这样的宗旨决定了教育的办学方向和其在整个社会中的地位。

那么，我们为什么要教经典？经典教学的宗旨又是什么？以经典教学传承中华优秀传统文化，为国家培养经世大才，成就学生幸福人生。这就是经典教学的宗旨，是我们每位经典老师要牢记于心的。

（一）传承中华优秀传统文化

南怀瑾先生曾经说过这样一段话："文化是人类民族的灵魂，尤其是一个国家民族，切不可自毁灵魂，单取躯壳地糟蹋文明，更不可自毁千秋的文化大业。试看古今中外的历史，文化亡了的民族而能翻身的，史无前例。所以对于文化重建的工作，我们这一代的责任太重大了，绝不能让它在我们这一代的手中断送掉。"

我们这一代人的文化基础很薄弱，可能知识学了不少，但是真正的经典没看过多少，甚至看不懂。现在传统文化刚刚复兴，如果我们不竭力把文化传承下来，那我们的孩子必将重走我们的路。

我常常跟我的孩子们讲："你们好幸运啊，因为你们是站在巨人的肩膀上，你知道吗？"孩子稚气地问："我们为什么是站在巨人的肩膀上呢？"我说："文化就像从五千年历史中走过来的一位老爷爷，他有着丰富的人生阅历。在最初燧人氏教人们怎么用火来煮饭，所以我们现在才有煤气灶；因为神农氏发现了五谷，后来我们才学会种地，才有饭吃；因为大禹用疏导的方法治理水患，我们现在才不怕洪水了；因为圣人教我们孝悌忠信，我们才懂得和谐相处。你看我们生活得这么幸福，是不是都是得益于古人的智慧啊？我们中华民族就是这样一代一代地积累智慧，传承智慧，所以这位五千岁的老爷爷才会像巨人一样高大。我们站在巨人的肩膀上，出生的时候就有经典的陪伴，有富足的生活。请不要认为所有的这些都是我们应该得到的，请对我们的祖先怀有一颗感恩的心、敬仰的心，是他们把生命和爱抛洒在华夏这片热土上，我们才得以延续五千年的血脉。"

在经典课和历史课上，我常常用这样深情的话语向孩子们表达对祖先的感恩之情，让孩子们能够跟祖先建立情感链接，能够对我们民族的文化更加自信和热爱。

（二）为国家培养经世大才

那么，我们到底要培养什么样的人呢？我们在教学中对于孩子的培养方向是否有一个清晰的目标？如果我们传承的文化没有教出文天祥，没有教出岳飞，而是教出很多像孔乙己那样的人，那么我们的国家就没有大才，民族就没有脊梁。一个民族没有脊梁还能挺得住吗？所以，教育多么的重要啊！

我们作为经典的传承人，一定要明确我们的育人目标，要努力培养出顶天立地的大才。正如杨昌济先生的"自闭桃源称太古，欲栽大树柱长天"，我们要把我们的孩子培养成经世大才，像岳飞和文天祥那样的"民族之脊梁"，像钱学森和钱伟长那样的"国家之栋梁"，像焦裕禄和杨善洲那样的"百姓之依靠"，像圣人孔夫子那样给人类带来未来的"人类之希望"。

（三）成就学生幸福人生

前苏联大教育家苏霍姆林斯基说："教学大纲和教科书规定了给予学生的各种知识，但是却没有规定给予学生最重要的一种东西，这就是幸福啊！我们的教育信念应该是培养真正的人，让每一个从自己手里培养出来的人都能幸福地度过自己的一生。"

学生的幸福人生从哪里来？正如前面所说，当一名学生能够继承人类的精神文明和物质文明，成为德才兼备的人才时，想不幸福都难。幸福的实质，其实就是首先使学生成为人类文明的受益者。所以，只要教育坚守住"为人类传承文明"这一宗旨，苏霍姆林斯基先生提出的"给孩子一生幸福"的目标必然能够实现。

过去自己常常想，一个孩子的一生幸福就这样交给我们了，这个担子太重大了，自己能行吗？当我站在古圣先贤的高度上，自己就有了信心，有了方向。我也常常思考，怎样看待教师这份工作呢？难道就是养家糊口的职业吗？如果只是养家糊口，耽误了孩子，也耽误了自己。教师的使命应该是为孩子的一生幸福全力以赴，奋斗终生。

中华民族几千年留下来的灿烂文化需要我们去传承，我们有责任将文化的精髓给到孩子们，让他们幸福。在我们太阳谷（华夏）学校，就有这样一群勇于担当的人。一辈子坚持做一件事——"传承中华文化，培养经世大才"。每个华夏人心中都有着对教育共同的信念：

以梦想点亮梦想，以心灵呵护心灵，以行动引领行动，以人生成就人生！

每周一的升旗仪式上，有一个特别的环节就是老师们的宣誓。全体老师在庄严的国旗下，在全校学生们面前庄严宣誓：

我的手中捧着学生的明天，我的肩上扛着民族的希望，我的心中装着祖国的未来，我将全身心地投入我的工作，面对所有学生，热爱它、唤醒他、启迪他，满怀希望，自强不息。我立志终身从教，为莘莘学子的明天，为中华民族的复兴，为人类文明的进步，倾尽毕生之力，把我们的孩子培养成民族之脊梁，国家之栋梁，百姓之依靠，人类之希望的经世大才。

试想一下，一个没有梦想的人，又如何点亮别人的梦想？一个从来感知不到心灵世界的人，又如何去呵护别人的心灵？一个只停留在理想世界却不去付诸行动的人，又如何引领别人的行动？一个从来没有思考过人生，人生目标不明确的人，又如何成就孩子们的人生？所以，作为经典老师，如何能把孩子们教育成经世大才，成为教化一方，利益一方的人，是我每时每刻都在思考的问题，也是我自我鞭策的精神动力。我们应该有一种自信，要让所有学经典的孩子们都能一生幸福。

二、经典教学原理

　　学科宗旨、教学内容、教学方法的设计，都要遵循教学原理来展开。那么，经典教学的原理是什么呢？就是为什么要选用这些内容，为什么要这样来教孩子，它要遵循什么样的规律。

　　经典教学的原理：以心性成长为根本；随顺孩子本善本觉之心，引入圣贤大道；以乐学为教育方法之原则，培养孩子对经典的喜爱与情怀。

（一）心性成长是根本

　　在这里首先要谈谈心性。我们都知道，教育的构成有三大要素：教育者，受教育者和教育影响。对于经典教学来说，教育影响就是经典。教育和教育者之间要遵循什么规律呢？心的规律。所以，基于心的规律，旨在为学生构建圆满心性的教育，我们称之为心性教育。

　　王阳明先生说：心即天下，哪有心外之事，心外之理？一个人的心性会自然显露成一个人外在的道德品质，进而根本性地影响他的未来成就和命运。我们形容一个孩子会说，这个孩子非常积极阳光，特别进取，特别有担当，善良慈悲，特别友爱，这些词都是在说一个人的心性，内心的境界。而不是说看他的衣服多漂亮，他背课文多少遍这些外在的表象。外在不足以说明他是一个怎样的人，内在的品质才是这个人真正的本质。我们所做的教育，就是要培养孩子忍耐、利他、勤劳、勇敢、自律、诚敬、感恩等这些内在的好品质。反之，如果不培养他这些，可能他会浮躁、自私、懒惰、胆怯、放逸、傲慢、冷漠等。

　　一般的教育只注重外在技能的雕塑和分数的提升，而心性教育则注重于被教育者内在品质的转化和心性的提升。一个孩子从小我到大我，最后到忘我，不断提升自己的境界，这是心性教育的目标。《了凡四训》说："一切福田，不离方寸，从心而觅，感无不通。"（方寸：心田）从中国传统文化思想来看，心性决定着一个人未来的命运，即幸福与不幸。有的人虽然很聪明，很有天赋，可是因为心性不好，未来命运就不好。

对于我们教育者来说，一定要有一颗心——努力托起孩子幸福的未来，这应该是每一个教育者念念不忘的大宗旨。未来在哪里？在心性！我们的李显峰校长曾说："如果说对于教育的得失成败有唯一一个可以判断的标准，我认为那就是心性。一个孩子是否曾接受过正确的良好的教育，当下的心性是最好的证明。"

对于一个老师来说，如何判断教育是否成功，从他所教出来孩子的心性就能看出来。太阳谷（华夏）学校是一所住宿制学校，孩子们从星期一到星期四都是住在学校，周末回家。回家以后家长要反馈学生在家的状况，孩子们回家读经典、习劳、孝亲、做公益等，家长拍下来发到群里。家长们为什么喜欢把这一幕拍下来，因为他们看到了孩子内心的成长，孩子的一举一动是自然的流露，也是他当下心性的最好证明。

稻盛和夫先生说："一个人所能成就的事业与他的心性一模一样，不会多一分，也不会少一分。"有这样的一个故事，妈妈正在厨房洗碗，听到小儿子在后院蹦蹦跳跳的声音，便问道："儿子，你在做什么呀？"小男孩儿得意地回答："妈妈，我要跳到月球上去。"你们知道妈妈怎么回答的吗？她说："好啊，儿子，别忘了回家吃饭。"这个小男孩儿长大以后，成为第一个登上月球的人，并且留下了那句响彻世界的经典名言："这是我个人迈出的一小步，却是人类迈出的一大步。"他的名字叫尼尔·奥尔登·阿姆斯特朗。从这个小故事能感受到他的妈妈对他心性的呵护。如果是不懂心性的母亲，可能就会说："别整那些没用的，还登月球呢，赶紧学习去。"长此以往，在这样语言的打击下，孩子也会渐渐失去登上月球的兴致与勇气。所以，只有从小尊重孩子的梦想，未来才有可能成就他的事业与人生。

在我们学校，开班第一项内容就是让孩子说出自己的梦想，不管他说什么，我们都给他鼓励。孩子说："我喜欢跳舞，我要成为一个舞蹈家。"我就会说："孩子，太好了！老师希望你把代表中国文化的舞蹈推向世界。"我们就这样顺着孩子内在的愿望去引导他追求更高更广的大愿。

比如班级老师会委派小助手拿着"物资领用单"到后勤领用物资，这

28

个"物资领用单"上专门有块位置是留给后勤老师点评孩子善行的地方。所以，不是孩子不愿意遵守规矩，是我们没有教给他。还有孩子哪天不舒服了，需要去看校医。然后班主任就开个"挂号单"，校医给他看完病，会在单子上写下"时间"和"是否需要复诊"，然后底下写有："祝亲爱的同学们身心愉悦。"孩子们看了会说："校医老师，您辛苦了！"渐渐地，诚敬和感恩，孩子们都学会了，整个校园中点点滴滴都能看到心性教育的元素。

课堂上，老师们更是大放智慧光芒，把心性教育渗透在知识教育中，让孩子对学习有信心，爱上学习。我们数学课的口号是："让孩子们踏着100分的足迹前行。"我们觉得考试不是为了考倒孩子，而是为了让他自信地踏入下一个阶段的学习，我们考的基本上也是孩子们能够答出来的内容。如果觉得这次成绩不理想，还可以复试，让孩子能够考一个满意的成绩带回家去。这也是遵循学生学习的规律和内心的规律而制定的考试规则。

所以，心性教育其实就是"入心的教育"。无论是经典教学还是知识教学，都旨在滋养孩子的心，让他受益终生。

那么，心性教育下的经典教学是什么样的呢？《尊经阁记》告诉我们，经典其实就是对圆满的心性的诠释，是用来调整我们的心的，我们应该基于圆满心性的目标而开展经典教学。孩子心性的成长应该成为评价教学成功与否的根本标准，而不是他背会了多少字。

教育最重要的是要把握住孩子的心，教育者和被教育者之间的这种互动，一定要遵循心的规律。《社学教条》里说："若近世之训蒙稚者，日惟督以句读课仿，责其检束而不知导之以礼，求其聪明而不知养之以善，鞭挞绳缚，若持拘囚。彼视学舍如囹狱而不肯入，视师长如寇仇而不欲见，窥避掩覆以遂其嬉游，设诈饰诡以肆其顽鄙，偷薄庸劣，日趋下流。是盖驱之于恶而求其为善也，何可得乎？"如果这样来教经典，则违背了经典教学的原理，学生背诵的文字量虽然在增加，但心性受伤却越来越重，这样不仅出不了人才，还会误人子弟。

因为不懂心性，而使学习经典的孩子心灵受伤的现象时有发生，有的孩子因为害怕背诵而自卑胆怯，有的孩子失去了孩子本有的天性，变得沉默寡言甚至神经兮兮，有的孩子长期内心压抑抗拒而变得叛逆。所以，不以孩子心性成长为考量的经典教学，与教育的大宗旨是背道而驰的。

（二）随顺孩子本善之心，引入圣贤大道

"人之初，性本善"，本善就是本有的仁爱之心，每个孩子出生都带着本善，"性相近，习相远"，就看周围的人怎么去教育他。

《说文解字》里对"教"和"育"有这样的解释："教者，上所施，下所效""育者，养子使作善也"。老师是如何上所施的，学生就会如何下所效。而教育，要把孩子往哪里引导呢？使作善！

清华老校长梅贻琦曾这样说："学校犹水也，师生犹鱼也，其行动犹游泳也。大鱼前导，小鱼尾随，是从游也，从游既久，其濡染观摩之效，自不求而至，不为而成。"懂得心性规律的父母和老师，以上所施（教）和使作善（育）的方法往善的方向去引导孩子，使其符合心性的成长。经典教学作为教育的重点学科，也必须遵循"教"与"育"这样的规律，培养孩子积善成志。

《礼记·学记》里说："善教者使人继其志。"善于做教育的老师，能够让他的学生继承他的志向。毛泽东主席在湖南第一师范学校读书时，杨昌济是他的老师，在一堂修身立志课上，主席问杨老师："老师，您的志向是什么？"杨老师在黑板上写道：自闭桃源称太古，欲栽大木柱长天。正是他这样高远的志向，铸就了毛主席这样伟大的人。我们每一个老师都应该有这样的志向。

如果一个孩子具备了本善之心，那他的心就如同圣贤心了。

我们为什么要教孩子经典？难道仅仅是为了背诵吗？经典里有故事，有道理，而孩子们有本善和本觉，我们就是要用经典把孩子的心灵唤醒、擦亮，引领孩子踏上圣贤大道。

对于任何教学，心被唤醒了，就是最成功的一堂课，比他学到再多的知识都有价值。

有一回我教《弟子规》，有个孩子问我："老师，什么叫'不自暴，不自弃，圣与贤，可驯致'？"我就给他们讲我经历过的事。我在德国留学的时候，不仅学业紧，还要打工挣钱，这样可以给我的爸爸妈妈减

轻负担。我送过很长时间的报纸，那些报纸特别重，用自行车驮着，还要爬很高的山坡，我使劲推，"嘿呦，嘿哟"，好不容易推上坡，结果一阵大风来了，车前轮"呼"地一下抬起来，报纸散落一地。怎么办呀？想办法解决呗！把车停到道边开始捡报纸，一张张追着捡，捡完再继续推着走。虽然辛苦，但是当我把报纸送到每户人家的时候，我的心情是多么地欢喜。

我还做过另一份工作，敲门给人家送免费的洗衣粉。当我说"您好，我们这里免费发放洗衣粉"时，遭遇到的是诸如这样的回答："你是谁？我不认识你！""不要不要，走走走！"那一天不知道遭到了多少拒绝，但我还是努力地把一满车的洗衣粉都送出去了！所以什么叫"不自暴，不自弃"，就是无论你遇到多么大的困难，都不要自暴自弃，要用智慧和勇气解决它。有时我们把自己所经历的事转化一下，讲给孩子们听，让孩子们知道，原来经典里的话，我们也可以做到。

我们教经典，就是要引导和启发孩子的本善之心，因为人心都向往光明，都向往幸福，都渴望认识这个世界，只不过是身边没有这样的榜样，没有人告诉他通往幸福的方法。所以，经典教学必须随顺孩子本善之心，以经典引领孩子入圣贤大道，这是经典教学的重要原理之一。

（三）以乐学为教学方法之原则，培养孩子对经典的喜爱与情感

教育三大要素中，第一大要素是教育者，就是老师。老师应该怀有一颗什么样的心去教孩子才符合教育的规律？孩子怀有一颗什么样的心才有了持续学习经典的能力？这就是乐学。通过乐学培养学生对经典的喜爱与情怀。

试问一下，如果孩子一天枯燥地读上八个小时经典，他会喜爱经典吗？我曾经教过一个孩子，当时我们开办一个经典大才班，他在入班的时候是什么状态呢？头不敢抬，不敢直面老师，斜着眼睛，用他的余光来看老师，上课不敢出声，老师让干什么就干什么。下课他也不离开座位，偷偷地看着同学们蹦着跳着围着老师转。我猜想这孩子是不是心理上有什么问题呢？我就找他聊天，看他擅长什么，跟他成为好朋友。

当时每周三我们都带着孩子们去爬山，他就总在旁边小声说，今天要去的那个地方我知道，坐公共汽车到某某站下车。我心想，这孩子智商好高啊，就当着孩子们的面跟他说："以后周三你就是我们班的大向导了！"这一句话，他的心一下子就被打开了。后来我知道了他背后的故事，他之前在一个读经班上学，没去多长时间，就开始找借口不上学。妈妈觉得有些不对劲，询问他是怎么回事，他终于说出原因来，因为在学校每天就是读哇，读哇，很痛苦！他仅仅读了不到两个月经典，心里的阴影就已经很深了，这对他是多么大的折磨啊。

后来到了我们这里，第一个星期就是玩，几乎什么也没教。我跟孩子先成为好朋友，让他们喜欢上这里。有一次下雨了，孩子们仍然要顶着雨在外面玩，我带他们滑滑梯，全身都湿透了，跟他们打闹在一起。一个星期后孩子回家跟妈妈说："妈妈，我喜欢这里。"他终于安下心来了。紧接着我又让他做他擅长的交通向导。我知道他喜欢所有的交通工具，只要有交通工具类的故事，我就跟他讲："最近甘井子区天天早晨上班堵车堵得很厉害，你知道因为什么吗？"就这样我们经常聊他感兴趣的话题，孩子的心慢慢被打开了，再读经典也不一样了，声音很响亮，别的孩子声音都被他盖过了。有一次显峰校长在金石滩讲课，中间有机会让孩子们表演吟诵，他一个人上台吟诵了一首曹操的《短歌行》："对酒当歌……"当时全场震撼。

为什么一个原本可以在读经里感受到幸福的孩子，却曾经被读经打压得那么痛苦？这是我们每个老师都应该反思的。没有心性的关注，没有乐学，如何让孩子与经典产生持续的链接，产生对经典的喜爱和情感呢？

经典教学自古有之，查阅历史资料，一天八小时的读经法目前没有出处。《社学教条》里说："后世记诵词章之习起，而先王之教亡。"朱熹在《大学章句序》里说："自是以来，俗儒记诵词章之习，其功倍于小学而无用。"大量读经与成圣成贤不能画上等号，还要看孩子爱上了多少，记住了多少，吸收了多少。仅以小学阶段为例，六年读完中华核心经典，时间是足够的，要循序渐进，循循善诱。

王阳明先生在《社学教条》里说："大抵童子之情，乐嬉游而惮拘检，如草木之始萌芽，舒畅之则条达，催挠之则衰痿。今教童子，必使其趋向鼓舞，中心喜悦，则其进自不能已。譬之时雨春风，霑被卉木，莫不萌动发越，自然日长月化，若冰霜剥落，则生意萧索，日就枯槁矣。"这段话是说：让孩子心情舒畅，"则其进自不能已"，相反"催挠之则衰痿"。《论语》里也说："知之者不如好知者，好知者不如乐知者。"我们的经典教学只要能做到让孩子们乐学，就已经成功一大半儿了。

很多传统文化老师会觉得我们应该遵循传统，中规中矩，在孩子面前庄重严肃，保持我们的尊严，但那样就没有尊重孩子的世界啊！我们也都是玩过来的，更应该懂得孩子的天性就是玩。

在课堂上，为了让孩子们爱上经典，我们会想出很多办法来，像好朋友围读，会读的同学领读，小火车轮读。当然也可以唱，不但经典课上唱，语文课也唱。我们把语文书中很多课文都编成了歌，孩子唱着就把课文学会了。我们的英语也是可以唱着学的，而且学完还要用出来。每个同学吃完饭都来告诉我："I'm full, I've had enough."然后我看他"打扫"干净了，就说一句："go."还有教室里老师的桌子周围贴有一圈礼貌线，平时下课时，如果你想要跟老师近身说话，必须得先站在礼貌线外唱一首歌，"Are you available, are you available ble ble"，听到唱完了，老师才说："好，有事吗？请进来吧。"孩子们就这样一边学，一边玩，乐此不疲。

我教孩子们《千字文》，学到"九州禹迹"的时候，说大禹把整个中国分成九州，并且从东到西、从南到北丈量了中国的土地。我跟孩子们说，咱们也学大禹的精神去丈量一下我们的学校吧。那天天气特别冷，但是孩子们找到一种方法完成了丈量的工作，同时也体会到了古人的不易。过后有一位家长分享说，这次丈量太有意义了，他和孩子坐公交车回家，一直为了前一站下车还是后一站下车离家近的问题纠结。那天孩子突然说，我们可以丈量一下呀，于是分别从两个站点下车数着步数走回家，用精准的方法找到了到底哪站下车离家最近。看来，孩子们都是很有智慧的，学了马上就会用了。

经典教学一定要坚守住乐学这个原则。不乐学，孩子就会"苦其难"，孩子们看到经典就会害怕，会头痛，这样的孩子长大不仅不能够弘扬文化，还有可能痛恨文化，虽然自小在文化里长大，将来可能就是诋毁文化的那批人。我们作为经典老师，要努力让孩子们从小爱上经典，为孩子们种下一颗未来去传承经典的种子，这是经典教学的大事。

所以，尊重教育的规律，以乐学为教育方法之原则，从小培养孩子对经典的喜爱与情感，也是经典教学的重要原理。

三、经典教学内容

经典教学要根据不同年龄段孩子身心发展的规律来开展教学。每个年龄段都有适合孩子的经典，但是没有绝对的标准去固化经典教学。以下是我们通过实际教学所总结的一个教学次第，供大家参考。

（一）童蒙幼儿阶段

在幼儿园阶段或者童蒙阶段，我们建议给孩子多一些蒙学经典，比如《三字经》《百家姓》《弟子规》《千字文》《幼学琼林》《声律发蒙》等。

《百家姓》是一个字一个字的，"赵钱孙李，周吴郑王"，字和字之间没有实在的意义，所以教会孩子正确发音之外，还要传递给孩子一种赤子情怀，中华民族虽然拥有众多姓氏，但是我们都是炎黄子孙。

《三字经》被称为浓缩的百科全书，里面的典故太丰富了，说了历朝历代的人和事，而且它的句式特点是三字一顿，"人之初，性本善。性相近，习相远"。

之后是《千字文》，四个字的，"天地玄黄，宇宙洪荒"。从一个字、三个字到四个字，这是有次第的，是依照孩子语言发展的模式和身心发展的规律来设计的经典。

蒙学经典很重要的一个作用就是识字正音，孩子刚开始说话的时候，发音准确是很重要的。还有识字，小孩子读经典都是指读，这样他在读的过程中，不经意间就认识了大量的汉字。

《声律发蒙》是比《声律启蒙》还早200年的韵律学经典，孩子们读起来能感受到经典的韵律美。

《幼学琼林》属于浓缩的百科知识类经典。古语说："读了增广会说话，读了幼学走天下。"这部经典不但内容广阔，而且语言平易近人、浅显易懂，还有很多成语和典故，用素读方式孩子们读起来朗朗上口，很受孩子们喜爱。

《弟子规》是行法，是需要我们在生活当中去做的。教孩子《弟子规》最重要的是引导孩子形成"孝悌忠信礼义廉耻"这些思想的萌芽，在整个幼儿包括少年阶段的生活当中，润物细无声地影响孩子，帮助孩子建立良好的生活习惯和学习习惯。

幼儿期还要在诵读经典的过程中多教给孩子一些适合的唐诗，比如"儿童散学归来早，忙趁东风放纸鸢""解落三秋叶，能开二月花"，既符合韵律学，和谐押韵，又有趣、有意义。我们用吟诵的方法来教这些经典，对于孩子们来说就像在唱歌一样，孩子们很喜欢。

《道德经》也是在童蒙幼儿阶段必读的经典，它是开智慧的，"道可道，非常道；名可名，非常名"，教孩子们用吟诵的方式唱起来，非常好听，孩子懵懵懂懂也不觉得难，否则长大以后孩子对于读不懂的经典会有畏难的情绪。

童蒙幼儿阶段如果教孩子读"四书"，可以从《论语》开始。

《论语》是语录体的，比较生活化，孩子们在读的时候非常容易接受。

其实，孩子年龄越小，接受新事物的能力越强，而且在 13 岁之前，孩子大脑正处于发育最高峰，他的记忆力处于黄金记忆期，如果开启读经教育的话，智力和记忆力都能得到有效开发。而且，孩子越小越能静下心来感悟，读经典可以培养孩子的定力和专注力。经典都是文学性很高的篇章，对孩子的文学素养、文字内涵都是积累的过程。

（二）少年阶段

少年时期，就是小学阶段。可以给孩子读《孝经》《四书》《诗经》《现代美文》。

小学一、二年级还是以蒙学经典为主。这个阶段学习经典还可以加入儿歌和诗词。蒙学经典之后就是《孝经》《易经》和"四书"等，学习过程中穿插诗词曲赋和现代美文。整个小学阶段，经典的学习没有绝对的次第，但是这些经典是必背的。学习一部经典如果单纯从头读到尾，未免有些枯燥乏味，不能唤起孩子学习的兴趣。在实际教学中，每学完一小节经典原文，插入同题材或者相关联的诗词歌赋进行交替学习，孩子们反而记得更快，领悟得更深，积累得更多。

这个阶段《现代美文》也可以加进来。只要是引导孩子的心性向善，向圣贤的境界靠近，这些经典我们都可以拿来用。不拘泥于一定是古代的或是现代的，中国的或是外国的，只要有益于孩子心性成长都可以引进来。

（三）青年阶段

　　到初高中，老师就可以细解《论语》《易经》《道德经》《庄子》《古文观止》等，中外的美文都可以加进来。如果对于我们所教的经典，学生们在二三十年以后不管是从政也好，从商也好，都能学以致用，能够自利、利他，那么就实现了我们经典教学的目标，孩子们不但具备了构建幸福人生的能力，也能够给更多的人带来幸福。

（四）中年阶段

　　孩子们从幼儿、少年和青年阶段一直受到经典的滋养，在经历了一些年的社会实践之后，到达中年时，就要真正地学以致用、为天下谋了。当然，经典是伴随我们终身的宝贵财富，人的一生就是要不断地闻思正见，在行中明，在明中行，不断地成长，才能"觉悟人生、奉献人生"。

四、经典教学方法

我们探讨了经典教学的宗旨、原理和内容，接下来我们来进一步探讨经典教学的方法。

经典教学我们总结出三大方法：传道法、知行法、养心法。

（一）传道法

韩愈在《师说》里说："师者，所以传道授业解惑者也。"经典教学首先就是传道，传道的方式和方法是多种多样的。

1. 以身传道

传道，传的是什么"道"呢？南怀瑾先生的著作《金刚经说什么》其中有这样一段话："真正的道，真正的真理，绝对是平常的。最高明的东西就是最平凡的。真正的平凡才是最高明的。"所谓"道不远人，人之为道而远人，不可以为道。"所以，离开了"人"的"道"就不能算是真正的"道"。要用身体、行为，甚至生命去"以身传道"。

孔子周游列国，明知不可为而为之，为的是传承尧舜之道。孟子不辞辛苦，巧说诸国王，舌战群雄，为的是推行仁政，他们都是身体力行的实践者，以身传道的典范。在日常教学中，老师的言行、举手投足间无不是在传道。我们常说"身教大于言教"，有时候我们给孩子讲了数次道理，可能都没有效果，不如给他做一次身体示范，他印象会很深刻。所以，在中国历史上，师者的言行是极具教育效果的传道方式。

有一次詹阜民向他的老师陆九渊请教什么是"礼"，陆九渊看着他，笑了笑说："你是怎么认为的？"詹阜民不假思索地说："礼是人安排的。"陆九渊听了没说话，轻轻地闭上眼睛，静坐。过了一会儿，詹阜民无奈，只得悄悄退回住处。几天以后，他又来到他的老师身边陪坐，再次请教什么是"礼",坐了好几个时辰,陆九渊仍默不作声,突然间,他起身往门口走去,詹阜民反应过来后,随即起身紧随其后,并要搀扶。此时,陆九渊神秘地冲他的学生一笑,问道:"还用安排否?"詹阜民顿时恍然大悟:原来人人心中本有"礼"。

我们学习经典文化常常从《弟子规》开始,因为它最贴近日常生活,比如说:"长者先,幼者后。"在用餐的时候,通常都是老师先吃一口,学生再开始用餐,如果老师们在一起用餐,自然就是先请年龄长的老师先吃。在学校这样做,在家里亦是如此。

几年前,我带过一次夏令营,有个女孩给我的印象特别深刻。那时候教学主要以学习《弟子规》的经文和力行为目标。有一次,女孩的妈妈邀约了四位好朋友,带着四个孩子出去旅游,几个孩子非常兴奋,一路上欢声笑语不断。中午时分,孩子们已是饥肠辘辘,都喊"饿了"。妈妈们赶紧在附近的一家餐馆点了几道可口的饭菜,上了两道菜之后,妈妈们就对孩子们说:"来,孩子们先吃吧,都饿坏了。"三个孩子赶紧拿起筷子,毫不犹豫吃了起来,只有那个女孩,在一旁静静地等待,她的妈妈着急地问:"你怎么不吃呢?不是饿了吗?"女孩回答:"《弟子规》说'长者先,幼者后',长辈们都没吃,我怎么能吃呢?"

妈妈瞪大了眼睛看着自己的女儿,流淌出幸福的表情,其他孩子也尴尬地放下了筷子……旅游归来,女孩的妈妈兴奋地跑来告诉我,几天来,孩子的表现让同行的家长都称赞不已,有礼有节,长幼有序,落落大方。所以,经典不仅要学好,还要做到。

在身体力行的基础之上,中国文人更崇尚道义,为成就道义以牺牲生命为代价也毫不犹豫。正如孟夫子所说:"生,亦我所欲也;义,亦我所欲也,二者不可得兼,舍生而取义者也。"比如忍辱负重的司马迁,为了道义敢于直言,虽身陷囹圄,为了完成先父遗愿,为了把文化传承下去,绵泽后世,忍辱负重,写下巨著《史记》。还有跳入汨罗江的屈原,这些伟大的先贤,用他们的生命成就了"道"的传承。

2. 以文传道

以文传道就是以文章典籍来传道。文:包括典籍、对典籍的注解诠释等。

儒家的经典如"四书"：《大学》《中庸》《论语》《孟子》。"五经"：《诗经》《尚书》《礼记》《易经》《春秋》，都是儒学传道的基本载体。这些经典世代传承，文以载道，即韩愈所谓："其文也，诗，书，易，春秋。"亦如朱熹所云："自是以来，圣圣相承，若成汤、文、武之为君，皋陶、伊、傅、周、召之为臣，既皆以此而接夫道统之传，若吾夫子，则虽不得其位，而所以继往圣、开来学，其功反有贤于尧舜者。"（《中庸章句序》）正因为经典中含有"道"，所以叶适先生认为要"以学致道"，即透过典籍的学习求致圣人之道，使圣人之道明白于世。李显峰校长在《师道人生》书中写道："文以载道。孩子从小从学文开始，将来入道很容易。人不学不知道，学道从诵文开始，因为道在于文中，未来要用的时候可以脱口而出。"这些话是说文字本身的功用，就像《尊经阁记》和《社学教条》，这都是我们通过文字来感受圣贤传递给我们的智慧，都是以文传道。

2016年3月26日，教育部下发了"关于印发《完善中华优秀传统文化教育指导纲要的通知》"，全国各地的幼儿园、小学、中学都纷纷开始读"圣贤书"。但是在教孩子读经典之前，我们一定要明白为什么要教这部经典？然后思考怎么教。例如蒙学经典：以识字为目的的《百家姓》《千字文》，以儒家礼教为目的的《弟子规》，以文学教育为目的的《千家诗》《唐诗三百首》，以历史知识教育为目的的《三字经》，还有综合教育为主的《幼学琼林》和《龙文鞭影》。

对于小孩子来说，除了读，还有一个很重要的环节，就是简单理解。《三字经》有云："凡训蒙，需讲究，详训诂，明句读。"依据"乐学"的教育原理，刚入学的孩子不仅要简单讲解，还要学会正确断句，我们通常会以典故、故事来引发孩子兴趣，在轻松快乐中学习经典。随着孩子年龄的增长，适当传递给孩子文字背后的思想，是很有必要的。

比如说《诗经》，人们都说《诗经》美，您知道《诗经》的美在哪里吗？子曰："《诗》三百，一言以蔽之，曰'思无邪'。"《诗经》的开卷之作是什么？《关雎》，它为什么美？全诗描写了一个青年男子对他所喜欢的女子的不懈追求和爱情幻想，一提到《关雎》，大家都说："窈窕淑女，君子好逑。"雎鸠，一种水鸟的名字，这种鸟会发出"关关关关"的叫声，这种水鸟还有一种特质，一旦找到自己合适的伴侣以后，终身不会再去青

睐另外一只鸟，所以它非常的专一。古人通过这种形式告诉我们，五伦关系中最重要的一伦是哪一伦？夫妻之道。如果古人用大白话来告诫大家：夫妻应该白头偕老，不要朝三暮四的，这样会很无趣。通过雎鸠这种鸟来告诉大家，夫妻之道很重要，家庭很重要。子曰："于止，知其所止，可以人而不如鸟乎？"

还有"参差荇菜"，那个荇菜是什么？是一种水草，那水草是谁来采的啊？窈窕淑女。善良美丽的姑娘是怎么采水草的呢？左边一下，右边一下，感受女子那种美呀，似翩翩起舞。这个荇菜是采来干什么用呢？在古代，荇菜是祭祀用的，祭祖用的。能够为了祭祀祖先而在水里站那么久来采摘水草的女子，你说她是不是很贤德呀？所以《诗经》的美得慢慢地体会，如果仅仅浮在文字表面，永远触摸不到。这就是中华民族伟大的智慧，经典的道之所在。

所以，我们读经典就是要用心感受文字背后作者要表达和传递的情感与境界，这就要求我们在读书的时候要正心诚意。

《朱子读书法》就记述了古人读书时皆是端身正坐，缓视微吟，虚心涵泳，切己体察。

给大家讲个孔子向师襄子学琴的故事。孔子三十岁的时候向师襄子学琴。师襄子是他的老师，给他一首琴谱，老师说："你回去学吧。"孔子拿到了琴谱，开始练习，每一天都认真地弹，弹了一遍又一遍，手法从生疏到渐渐熟练，师襄子看到后就说："你弹得很好了，我们学下一首曲子吧。"孔子非常恭敬地对他的老师说："老师，不行，我虽然手法熟练了，但是我还不了解弹奏的技巧，所以我还得再练一练。"师襄子说："那好吧，那你再练一练吧。"

而后，他又回去继续练习。过了十多天以后，师襄子从他身边经过的时候，觉得他弹得已经很流畅了，就对他说："孔子，弹奏技巧你已经掌握了，我们学下一首曲子吧。"孔子说："老师，我觉得我的手法熟练了，弹奏的技巧也有了，但是我还不了解这首曲子背后的思想。"师襄子一听，"那好，那你再练一练。"孔子又继续练习。

过了若干天以后，师襄子路过了孔子的家门口，听到他在里面非常熟练地弹奏，这时候师襄子长吁了一口气，弹得太好了。他走进去对孔子说：

41

"你已经感受到了这首曲子的思想，我们再学一首新的曲子吧。"孔子又站起来了，对他的老师说："老师呀，我觉得我还没了解这个作者，他到底是怎样一个人，所以我还要再弹一弹。"于是，孔子又继续弹。

若干天以后，孔子请师襄子到他的家里来听琴。师襄子坐在那里静静地听着，他的琴声如行云流水一般，非常美妙。师襄子问道："你是不是已经感受到了这个作者是一个什么样的人？"孔子非常激动地说："是的，老师。这个人一定是身材魁梧、面庞黝黑，两眼仰天长望，一心感化四方。此人莫非周文王？"听罢，师襄子也非常激动，他马上站起来说："你说得太对了！我的老师当时叫我弹这首曲子的时候，他曾经告诉过我，这首曲子叫作《文王操》。"这个故事就是孔子"切己体察，虚心涵泳"的最好例证。

也可能有人会说："我太浅薄了，怕是触摸不到这种境界，怎么办呢？"经史合参。读经还要读史，经史是相通的。李显峰老师在他的《师道人生》里面说过一句话："经是史的浓缩，史是经的展演。"在经典当中，《三字经》也好，《弟子规》也罢，每一句话当中都可以延伸出好多历史故事，这些故事来源于哪里呢？中国的历史。在经典教学中，一味枯燥地读经典和给小朋友读一读、讲一讲这两种方法之间，孩子们喜爱经典的程度是完全不一样的。

3. 以事传道

以事传道，就是通过事件的本身来传道。"一举一动，一话一言，一谈一笑，一起一居，一饮一食，一坐一卧，一游一跳，一男一女，无一刻不在道德礼仪之中。"（《被人遗忘的一封信：康有为致范源濂》）

《尊经阁记》中说："其应乎感也，则为恻隐，为羞恶，为辞让，为是非；其见于事也，则为父子之亲，为君臣之义，为夫妇之别，为长幼之序，为朋友之信。是恻隐也，羞恶也，辞让也，是非也；是亲也，义也，序也，别也，信也，一也。皆所谓心也，性也，命也。"道体现在五伦关系中，是每个人的本性使然。在孩子的世界中，我们要引导孩子在与父母、老师、同学和朋友的相处中，用心感受什么是仁义礼智信，在每件小事中让孩子体会道就在身边，道就在每个人的心里。

讲一个发生在我们班级的故事。一年级的时候，有一个孩子在餐厅用完餐后到外面的空地上玩，几个孩子你追我赶，不亦乐乎。有个叫小翰的孩子玩得太高兴了，顺手捡了一个小石头，打到了旁边的玻璃上，瞬间一大块玻璃就裂开了，这个孩子吓坏了。

人在恐惧的时候第一反应是什么呢？"跑！"这时有密探来告状了："老师，小翰把玻璃打碎了。"我过去一看，孩子害怕了，躲在一边哭。我召集了所有孩子过来，问道："发生了什么事？"大家一片沉默，小翰哭得更厉害了，看着我边哭边说："老师……我……打碎了，我不是故意打碎的……"我把他搂过来，拍拍说："没事儿，告诉老师发生了什么？"

其他的孩子开始你一言、我一语地帮他表述事情的经过，我说："无论是故意的还是不是故意的，那块玻璃碎了，它不能帮助我们遮风挡雨了，还有危险隐患，谁不小心碰到会把手划伤，我们应该做些什么来弥补一下呢？"小翰不哭了，看着我说："我赔偿吧，老师。"我摸了摸他的小脑袋，赞许道："有担当，好孩子！"然后继续对所有孩子们说："内不欺己，外不欺人，这是我们做事的态度，这块玻璃如果我们不赔偿，也可能没有人看到。但是从此，在我们心里却种下了一个'不诚实'的种子，大家要不要这样的种子呀？"孩子们异口同声地回答："不！"我说："好，我们都是诚实的好孩子，尤其小翰同学，主动承认错误，老师知道他知错了，大家在原地等一会儿，老师先带小翰去给玻璃的主人道歉，然后再给人家赔偿。"

让我意想不到的事情发生了，其他的孩子也大声地请求："老师，我也去道歉，刚才我也有责任！我也去！我也去！"我被孩子们的纯真瞬间感动了，决定带着他们一起去，小翰走在最前面。结果，孩子真诚的态度让玻璃的主人很感动，连连夸赞他们是诚实的好孩子。回去的路上，班里文艺委员还起头唱了一首歌"团结就是力量……"

当天晚上有一个孩子在日记里面写道："今天我们把玻璃打碎了，但是老师教育了我们，老师告诉我们要诚实，我理解了什么是诚实。"还有一个孩子写道："今天小翰把玻璃打碎了，我们陪他一起道歉，因为他是我们的朋友，老师说，真正的朋友不是锦上添花，而是雪中送炭。"还有一个孩子写道："内不欺己，外不欺人，我要永远做一个诚实守信的人。"在这件事情中，孩子们有了羞恶之心，有了是非之心，"善"的种子正在悄悄发芽。

还有一件关于选班干部的事。太阳谷（华夏）学校是以心性教育为主，关注每个孩子内心的成长，李校长在《师道人生》书中告诉我们要"顺善而教，顺愿而教"，所以选班干部这件事也是教育的契机，每个孩子都可以自荐。但是有的孩子还不懂自荐是什么意思，所以我就先讲一个故事：毛遂自荐。

春秋时，秦军包围了赵国都城邯郸。大敌当前，赵国形势万分危急。平原君赵胜奉赵王之命，去楚国求兵解围。平原君把门客召集起来，想挑选 20 个文武全才一起去。他挑了又挑，选了又选，最后还缺一个人。这时，门客毛遂自我推荐，说："我算一个吧！"平原君见毛遂再三要求，才勉强同意了。

到了楚国，楚王只接见平原君一个人。两人坐在殿上，从早晨谈到中午，还没有结果。毛遂大步跨上台阶，远远地大声叫起来："出兵的事，非利即害，非害即利，简单而又明白，为何议而不决？"楚王非常恼火，问平原君："此人是谁？"平原君答道："此人名叫毛遂，乃是我的门客！"楚王喝道："赶快下去！我和你主人说话，你来干吗？"毛遂见楚王发怒，不但不退下，反而又走上几个台阶。他手按宝剑，说："如今十步之内，大王性命在我手中！"楚王见毛遂那么勇敢，没有再呵斥他，就听毛遂讲话。毛遂就把援赵有利楚国的道理作了非常精辟的分析。毛遂的一番话，说得楚王心悦诚服，答应马上出兵。没过几天，楚、魏等国联合出兵援赵。秦军撤退了。平原君回赵国后，待毛遂为上宾。他很感叹地说："毛先生一至楚，楚王就不敢小看赵国。"毛遂凭三寸之舌代替了百万雄师，为国家赢得了和平。

这个故事能告诉孩子什么呢？第一，毛遂这个人有勇气；第二，有自信；第三，有智慧，可谓有勇有谋。但是，当你有才能，别人还没发现的时候，你自己要怎么样呢？学习毛遂的自荐精神。这也是我们学习文化当中一个重要的部分，叫作中道，不偏不倚是为"中"。我们做人过于谦虚也不对，过于傲慢也不对，怎么办？中道。该担当的时候就要担当。

讲完这个故事后，孩子们就明白了，要相信自己，要有担当，"我"可以选自己。于是班里就开展了非常热烈的竞选，有想当这个的，有想当那个的，孩子们都真诚地说出了自己的优势，表达了自己的心愿——都是为了服务好其他同学，为了给老师当助手，不让老师那么辛苦。所以，这次巧妙设计的班级竞选，大大提升了孩子们的自信和果敢担当的勇气。

生活中也有很多小事可以传道。再给大家讲一个感人的故事。每当秋冬季节风很大的时候，孩子们吃完饭以后，我都会嘱咐他们把嘴擦干净，怕孩子吃完饭嘴唇被风吹干裂了，会很难受。于是要求大家周末回家以后每人准备一个小手绢，揣在兜里。周一到校，有一个孩子送给我一个小袋子，悄悄告诉我是他妈妈带给我的。当我打开后，感动得热泪盈眶。这位家长做了20个小手绢，每个孩子一个，每个小手绢的一角，都用针线绣上了孩子的名字，我感受到了一份沉甸甸的情谊。

拿到班上后，我先让孩子们参观，看看这些手绢有什么不同，他们惊奇地发现手绢上有自己的名字，于是我深情地讲了"母爱"的故事。这位伟大的母亲没有只想着自己的孩子，而是把所有的孩子都当成自己的孩子，多么伟大！我们也要尊敬所有的长辈，像尊敬自己的长辈一样，"事诸父，如事父，事诸兄，如事兄。"最后大家一起吟诵了《游子吟》，作为送给这位母亲的礼物："慈母手中线，游子身上衣，临行密密缝，意恐迟迟归。谁言寸草心，报得三春晖。"后来，孩子们对这个小手绢都倍感珍惜，随时揣在兜里，就像揣着母亲的叮咛和关爱。

4. 以心传道

最后一种途径是以心传道，这是传道的最高境界了。我们知道孔子和周公不在同一时代，但是周公却是孔子的老师，为什么呢？因为孔子经常梦见周公，周公在梦中为孔子传道。欲知圣贤道，先明圣贤心。传统文化历来讲求以心传心，孩子未来想契入文化的本怀，从小就要培养一颗大悲心，即不忍人之心。以悲心读经典，方直入其要旨。

所以，我们教孩子们不但要诵读文字，解读其义理，更要引领孩子体悟文字背后的"圣贤心"。

（二）知行法

知行合一是王阳明先生提出的，他是儒家心学的代表。王阳明先生说："知行功夫，本不可离，真知即所以为行，不行不足谓之知。"近代大教育家陶行知先生说过："行是知之始，知是行之成。"朱熹先生在《小学》提道："古者小学，教人以洒扫、应对、进退之节；爱亲，敬长，隆师，亲友之道。皆所以为修身、齐家、治国、平天下之本，而必使其讲二习之于稚幼之时。"

太阳谷（华夏）学校很注重"行"的功夫。学校有两门特色课，"习劳课"和"习礼课"。"习劳"是劳动，"习礼"是落实五伦八德。华夏的餐厅没有阿姨打扫，"小义工"都是各个年级的学生，从备餐、打餐，到收拾餐厅卫生，都是小义工自己做。去年祭祖大典的时候，有很多家长来学校参加，用餐过后会有专业的"质检员"检查他们的餐具是否清洗干净。我偶然听到一位家长对另一位家长说："太丢人了，洗了三回都不合格。"老师的餐具也是一样的，孩子们不会因为这个老师教过我，差不多就行了，就连校长吃完饭也是要检查的。"质检员"们一丝不苟，他会正反面都仔细看一看，合格了，才点点头，有一处不合格就需要重新洗，没有分别心，大家都平等。孩子们从小就养成这种一丝不苟的做事风格，相信将来在任何岗位都是优秀的人才。学校的教学楼和宿舍楼，所有楼内的卫生间，操场卫生，楼内卫生都是孩子们自己打扫。

孩子们每周回家都要填写"家校联系卡"，它既是孩子在家里成长的记录，又是对老师和学校的反馈，更是家校共育的桥梁。在这里给大家读一张一年级孩子的家校联系卡。

孝行：姥姥不小心弄掉了一盒牙签，明轩马上过来蹲下，帮姥姥一根一根地拾起，心疼姥姥。

习劳：在家积极主动帮助大人做家务，不需要大人引导，自己主动参与家务劳动，并能善始善终。

分享幸福：接到明轩，满脸快乐，迫不及待地对我说，妈妈，这周我农耕了。

学校设置有农耕课。春天是耕种的季节，每个班前面都有一块小菜园，孩子们会自己播种。最有意思的是，去年因为那块地还没有开垦出来，所以弄了很多优质肥料——"一堆牛粪"，满校园里都是牛粪的味道，但是孩子们却觉得很好玩，他们从来没见过，原来这东西还能种地，种出来的菜还能吃啊。那一大堆牛粪需要运到地里面，于是，他们都抢着一人拿一个小土筐，拿个小桶子去做搬运工，忙得不亦乐乎。在这个过程中，孩子们是快乐的，这就是真实的生活，在快乐中付出，在付出中收获，这就是幸福。

（三）养心法

学习经典还有一种重要的方法，叫作养心法，这是经典教学的核心方法。养什么样的心？养恻隐之心，羞恶之心，辞让之心，是非之心。如何来养孩子的心呢？

《了凡四训》中说："一切福田，不离方寸。从心而觅，感无不通。"毛泽东主席在《心之力》一文中讲道："心为万力之本，由内向外则可生善、可生恶、可创造、可破坏。由外向内则可染污、可牵引、可顺受、可违逆。修之以正则可造化众生，修之以邪则能涂炭生灵。心之伟力如斯，国士者不可不察。"

孩子们所展现的种种美德都来自于心，比如孝亲、利他、感恩、诚实、勤劳、勇敢、自律、忍耐等。但是我们同样也发现有的孩子自私、懒惰、胆怯、浮躁、傲慢、冷漠等。这是为什么呢？一切问题都出在心上。每个孩子都有本善的种子，但还要修之以正。教育的过程如果能够始终关注孩子心性，修之以正，长大以后就是有德之人，否则，如果修之以邪，长大后就是无德之人，本善良知被遮蔽，危害社会。

所以，一切教学活动都要围绕孩子的心。通过"润物细无声"的滋养，提升孩子的思想境界和道德品质。在经典教学中，教学方法的开展要注重对孩子心灵的滋养。孩子很小的时候，就可以教孩子吟诵的读经方法，让经典以音韵之美来入孩子的心，孩子反复徜徉其中，乐通于伦理，慢慢就能体会到音韵的力量。

在诵读经典时，我们先要教给孩子们静心、放松，诵读时专注地指读，这些都可以慢慢引导和培养孩子内心的觉知力和专注力。

经典教学中好的经典篇章、诗词、现代美文，甚至好的故事都可以养孩子的心。文能入心，好故事，真情感，催人泪下，能让孩子感受生命，体味人间情意。所以教学内容的选择要注意既要让孩子喜欢，还要让孩子接触到高营养。经典教学中"语"和"文"的美感，完全可以通过老师的发现、设计、引导，来点燃孩子心中的每一个小梦想和大梦想，激发出孩子内在生命世界本有的美好。孩子会乐于看到自己每个阶段的成长，老师也在教学相长中不断地成长，师生都获得成就感，都会越来越自信，彼此的心灵都被滋养。

第三章 经典教学实践

一、一线教学的开展

（一）教材的选择

毫不夸张地说，学习古代经典不论是对孩子、家长，甚至多数老师都是一个"启蒙"的教育。因此，引领孩子学习经典，最首要的事情是为他们选择一些合适的经典教材。所以一线教学的开展，我们先从教材开始说起，需要遵循三个原则。

1. 适切性原则

适切性原则就是要选择适合孩子的年龄特点，能够激发孩子学习兴趣的经典教材。选择的教材开本不能太大，否则不便于翻阅和携带，也不能太小，太小了文字和内容都会缩小，不利于孩子阅读和识字。正常的 16 开读本最为适宜。

关于文字排版的方向，无论是竖排、繁体字，还是横排拼音版，其实并不那么重要，重要的是孩子愿意接受，读着方便即可。总之，我们要结合孩子的身心发展规律去做有效的选择。

例如：13 岁以前的孩子处于记忆力的黄金时期，又是以图像记忆为主，尤其是低年级甚至学前的孩子，一些图文并茂的读本更能引起他们的兴趣。13 岁以后，孩子的理解能力大大提升，可以适当选择有简单注释的经典教材进行阅读。

2. 层次性原则

我们教育的最高目标，就是把人培养成一个好人，一个健康的人，一个对国家有用的人，一个人生幸福的人。现阶段我们提倡"以人为本"的教育观，由此我们开始思考一个孩子从小到大，他如何一步一步走向成功，成为一个有礼有节的人，一个对社会有用的人。于是，我们要有层次地构建他的人生框架，通过经典向孩子传道，如：低年级要注重礼仪和行为习惯，中年级要注重价值观和是非判断，高年级要注重励志和担当。所以，在这个过程中，不同年龄段对于经典教材的选择也要由浅入深、有层次性地递进。

3. 系统性原则

系统性原则就是对孩子在学校阶段要学习的经典，在内容上由浅到深，但又兼顾原文的整体性和思想的全面性。在教材的选择上，我们要基于一个整体思维的框架来进行方向性的把握。

（二）教法的运用

在一线教学中，教法层面主要有四种方法：读、解、演、用。

1. 读

学习经典自然离不开"读"这个字。读有很多种形式，分为素读、歌诀体、吟诵、吟唱、戏读等。

（1）素读（朗读）

"素读"是一种读书方法，就是不追求对内容理解的深度和广度，只是反复有声的朗读，直到把诵读的内容背诵得滚瓜烂熟为止，是一种很朴素的读法。这是我国古代私塾里常用的读书法，日本人把这种方法定义为"素读"法。国际右脑开发专家七田真博士有一系列关于"记忆"研究的专著，其中有大量阐述"素读"的内容。

"素读"要求一字一句地读清楚，读出意义停顿的节奏来。因为在典籍中，每个字都很重要，有些甚至不能替换。这样记下的文字对今后的影响才更有效用。养成"素读"的好习惯，目的是背诵一定量的经典。

（2）歌诀体（节奏读）

"歌诀体"就是有规律、有节奏、有韵律的诵读。古文中生字生词较多，很多是单字词，还夹杂着很多虚词，读起来很拗口。可以按照类似音乐节拍的规律，把句子分成字节，再加进强弱、长短的节奏，读起来就变得朗朗上口，而且适于集体朗读。

歌诀体非常适合低年龄段的孩子，因为他们喜欢这种节拍式的、节奏性的读法，而歌诀体最大的特点就是便于记诵。我曾经在一次经典培训讲座上亲眼见到一位5岁多的小女孩，把四千多字的《易经》有节奏地从头背到尾。主持人问她："你知道意思吗？"她说："不知道。"主持人说："没关系，你已经种下了智慧的种子，可以用一生去回味，并不断地去用它。"这个小女孩所用的背诵方法就是歌诀体，有节奏的、有韵律的，像歌谣一样的背诵。

汉语的文言句式，几乎每一篇每一段，都适合以歌诀体的方式背诵，这也是古代启蒙的读本为什么都是"韵体文"为主的原因。因为我们的先辈找到了最好的输入文字的途径，所以，孩子即便只有三四岁，也能朗朗上口地诵读长篇大段。

此外，陈琴老师创造了"歌诀乐读法"，就是在古代疾读法的基础上，遵循文言的句式特征，依据古诗文吟诵音节的要求，多侧重逻辑的方式，以明快的节奏大声而迅疾地诵读。此法依归于"开智于声"，目的是达到"弱而能言"之功效，具有强烈的律动感和复踏歌谣的气韵，强调书读一口气，强弱快慢对比明显，一气呵成，句义不破，同句型连贯，如排比句、对仗句可以读出排山倒海的气势，而转折词、总结句则可以读出让人驻足停留的深思。此法适于背诵，是演说式的背诵方法。在实际教学中，歌诀乐读法也是孩子们非常喜爱的诵读方式。

（3）吟诵（以诵为主）

吟诵，是我国先秦时代即产生的一种传统汉语诗文口头表达方式，此后渐渐被采用为读书的方法之一。汉语吟诵历史悠久，是我国优秀的非物质文化遗产。

吟诵的关键是代代相传的读法规矩，也就是吟诵的方法，包括一本九法：

"一本"，是以声音的含义为本。中国人说话的声音、诗人的用韵都是有涵义的。比如"a"韵、"iu"韵等，每个韵，声音的涵义是不一样的。

九法，就是九个法则，包括"依字行腔、依义行调、入短韵长、平长仄短、平低仄高、文读语音、腔音唱法、模进对称、虚字重长"。

古人是如何学习吟诵的呢？跟着老师一首一首地学，辅以少量讲解，慢慢就会了，而且吟诵调和吟诵方法是一起掌握的。

吟诵方法加上自己的理解，吟诵调加上自己的特点，就成了自己的吟诵。所以，吟诵不是唱给他人听的，是唱给自己的歌。现代我们如何学习吟诵呢？如果有机会像古人那样学习，那是三生有幸，因为最后一代传统教育出身的老先生已经是耄耋之年，而且目前，在全国范围内，也仅有几千位会吟诵的老先生，所以，绝大部分人不得不以新的方式吟诵，那就是普通话吟诵，即普通话的发音与吟诵规则的结合。具体来说，就是尽量使用普通话的语音语感，遵守吟诵规则，而又尽量传达出古诗文的声韵含义。

（4）吟唱（以唱为主）

《诗经》305篇，都是孔子从当时的乐师及民间歌唱家那里搜集整理而成的。他说："吾自卫反鲁，然后乐正，《雅》《颂》各得其所。"显然这些诗都是古有乐章、乐谱和音律的。而且，吟唱起来有节奏感、有韵律、有美感，会让背诵变得轻松而快乐。孩子为什么在吟唱的时候背诵得特别快乐呢？因为任何的高效都需要快乐情感的支撑，否则会缺乏真正意义上的高效。为什么有一个成语叫"乐此不疲"呢？因为快乐时候的学习不但是高效的，也是快乐的。

随着时代的更迭，古代吟唱也在与时俱进，经过与现代流行相融合后走进我们的视线中。如中央电视台热播的《经典咏流传》就有很多"经典"被传唱，被唤醒。

（5）戏读（用游戏的方法提高读经的兴趣）

用游戏的方法提高读经的兴趣，如我们常用的"开火车读""男女生对读""小组轮读""踏浪读"等，不局限于一种读经形式，在玩中学，在学中玩，调动孩子学习经典的热情。

2. 解

经常有老师会问:"对于经典,运用上面提到的方法'读'就可以了吗?到底应不应该解经呢?""对于多大的孩子,才能解经?"

徐健顺老师在《我所理解的古代教育》中提道:"朱熹的《小学》,是承前启后的著作,是后世最重要的蒙学指导典籍,其中大部分都在讲故事。它的每一条道理都有故事引导。儿童做事的动力,多不似成人有是非逻辑,更多的是为获得尊重和承认,还有获得乐趣。"所以,经典要不要讲解呢?要讲解。关键是如何讲解。

华夏的经典教学会适度解经,但解经的程度不会像《百家讲坛》解得那么细致。我们主要停留在训诂学上,就是对简单的字、词和典故进行讲解。讲解的方式有故事解、成语解、名句解、全解、经史合参,还有以经解经。这些方式会根据不同的经典和不同的内容来选择使用。

(1)故事解

故事解,就是用原汁原味的故事或后人演绎的故事来讲解经典。《三字经》说:"凡训蒙,须讲究,详训诂,明句读。"要简单讲解字面意思,还要讲故事,讲历史故事,讲跟经典有关的故事。《三字经》要讲故事,《弟子规》要讲故事,《论语》还要讲故事。因为小朋友最喜欢听故事,在听故事中理解经典的意思。如:我们读《幼学琼林》第一章天文"混沌初开,乾坤始奠。气之轻清上浮者为天,气之重浊下凝者为地。"如何去讲解呢?于是就讲个盘古开天辟地的故事,孩子们都很感兴趣,并且能够大致了解文本的意思,这样对经典就更加感兴趣了。

(2)成语解

成语解就是讲解那些发源于经典,且活跃于现今语言之中的成语。

如:自强不息,出自《周易·乾卦》。原文是:"天行健,君子以自强不息。"

如:后生可畏,出自《论语·子罕》。原文是:"后生可畏,焉知来者之不如今也。"

如:自知之明,出自《道德经》三十三章。原文是:"知人者智,自知者明。"

我们在解读这些经典名句时,用简单的四字成语,就很好地被同学们

理解。

比如成语箪食瓢饮。提起孔子最得意的学生，大家都知道是颜回。这个成语就出自《论语·雍也》，"子曰：'贤哉，回也！一箪食，一瓢饮，在陋巷，人不堪其忧，回也不改其乐。贤哉，回也！'"颜回是孔子的弟子，以德行著称。他的饮食极其简单粗劣，住在陋巷中，却整天高高兴兴，志趣不改。一箪食，一竹筐饭；一瓢饮，一瓢水，过得有滋有味。后人引用"箪食瓢饮""陋巷颜渊"等形容贫苦生活；以"颜回乐道""箪瓢乐"等称安贫乐道。

（3）名句解

名句和格言相较于全篇的古文，短小精练，简洁明了，似乎更能贴近我们的生活，使口头语言更加生动、鲜明。

习主席在每次重要讲话中都会引用很多经典名句，如习近平主席在中国与爱尔兰经贸投资论坛上说道："临渊羡鱼，不如退而结网。"2018 年的上合峰会上说道："他山之石，可以攻玉。"这些名句用最精练的语言阐述了最深刻的道理。

（4）全解

全解是整篇、整段的讲解，比较适合年龄稍大点的孩子。

（5）经史合参

在学习经典的过程中，我们可以经史合参来讲解经典。"经"和"史"本身就是不分家的，但是作为经典诵读课，我们以读诵为主，捎带着讲一点历史。在我们华夏的课程当中，专门有一门课叫鉴史课，就是讲历史的。经典和鉴史它们之间有互相依附和互补的作用。

那么，在经典教学中，如何通过经史合参来解经呢？给大家讲一个我们课堂教学的案例。

我们带孩子学习《论语》中的一小段：

子贡曰："贫而无谄，富而无骄，何如？"子曰："可也。未若贫而乐，富而好礼者也。"子贡曰："《诗》云'如切如磋，如琢如磨'，其斯之谓与？"子曰："赐也，始可与言《诗》已矣，告诸往而知来者。"

我们在备课的时候先要明确我们想传递给学生什么？我们具体的教学目标有哪些？我们在一线教学的时候，有三维的教学目标：一是，知识与技能，能够熟练背诵本小节的内容；会认会写"贫、谄、富、骄、磋"；掌握成语"安贫乐道"。二是，过程与方法。素读、分角色读、小组背诵、考评。三是，情感态度与价值观。通过"贫而无谄，富而无骄"，让学生体会什么是真正的德行。

这其中最重要的是我们要牢记经典教学各种教法最终要达成的核心目标，它都离不开养心、传道、育德。

那么，《论语》这一小段经典，我们教法的目标应该定位在养心、传道还是育德？

这一篇就是兼有育德和传道。"传道"是抓住哪两个字？"贫"和"富"。如果单就贫富而言，我们的人生可分为三种境界。

第一种境界是：贫而谄媚，富而骄横。

第二种境界是：贫而无谄，富而无骄。

第三种境界是：贫而乐道，富而有礼。

我们的人生想达到哪种境界呢？"贫而乐道，富而有礼"。由此，我们知道一个成语"安贫乐道"。那么，目前我们又是何种境界呢？这取决于我们心中的那个"道"。可能有些人表面上看起来很贫穷，但是内心很富有。比如：颜回、周恩来等。我们的孩子能说出来很多很多这样伟大的人。

所以，我们要引导孩子注重内在的贫与富。不要做"贫而谄媚，富而骄横"这样的人。最起码我们要做一个"贫而无谄，富而无骄"的人。因为富有永远没有边界，与其用物质丰富自己，不如去创建一个富有的灵魂，丰富你的内在。

当然，我们更期望达到的境界是"安贫乐道，富而有礼"。贫富只是一种现象，不是我们所追求的。如果我们的内心已经足够富足了，也不必去追求那些外在的东西。

所以，选择恰当的历史故事，通过对经典适度的讲解，我们可以帮助孩子建立一种思维，引导他们在人生中形成一种观点，甚至是思想架构，这就是传道。并且在整个基础教育阶段通过大量经典的学习，帮助孩子把这种思想根植于心里。

（6）以经解经

在经典教学中，有些经典中的语句孩子不懂，但是如果用孩子熟悉的其他经典语句来给孩子讲，孩子马上就明白什么意思了。南怀瑾先生就非常主张"以经解经"。

我教《系辞传下》第六章时，给孩子们讲孔夫子从六十四卦当中挑选出九卦以德行来解释，其中有一个"损卦"。怎么给孩子们讲这个"损"呢？"损"就是减损，就是减少。损以修德，减损你的欲望其实是在增加你的德行，如果这样讲孩子很难懂，然后我给孩子们引用他们之前学过《道德经》中的"为学日益，为道日损"，孩子们就能理解了。

3. 演

在经典教学中，为了便于孩子理解，我们还可以让孩子分角色地演一演，当孩子们进入到情景中时，对经典的理解更为深刻。如：歌舞剧《游子吟》、舞台剧《孟母三迁》等。在简单讲解字面意思后，可以充分发挥孩子的想象力，拓展他们的思维，让他们自编自导一个小剧目，也是一种对经典的理解方式。

比如，我们在给孩子们讲《弟子规》的时候，就运用了很多演话剧的方法，把每一章编成一个个小故事，让他们来演，孩子们演得很开心，而且演过的东西他会记得很牢，不容易忘。记得有一次讲"事勿忙，忙多错"，孩子们演得非常有趣：有一个小男孩儿在家里帮妈妈摘菜，突然他的好朋友明明在楼下喊他去玩。他听到之后，没跟妈妈说一声，直接放下了手中的活就窜出门去，在下楼的时候因为太快了，在楼梯上摔了一跤。我们为了把情节编排得很逼真，让一个孩子缠了绷带一瘸一拐进来，一下子就让孩子们记住了。

还有一次讲到"长呼人，即代叫，人不在，己即到"，我就问孩子们："如果有一位老师要找金老师，但是她不在，你们应该怎么办？"孩子们马上就说可以演给我看。这时一个孩子就跑到门外敲门，里面的孩子开门问："请问您找谁？"门外的孩子说："我找金老师。"于是，里面的孩子认真地说："金老师现在不在，请问我可以帮到您吗？或者我可以帮您带话。"这样一演，孩子们就都明白了以后应该怎么做。

其实，小孩子生活中遇到的主要问题大多是跟父母长辈和同学之间相处中发生的，我们把这些细节结合《弟子规》编成话剧让他们演，演着演着就学会了。其实，不管是讲故事还是演话剧，都是为了让孩子们明白经典中蕴含着的人生道理。所以，演剧不是为了演剧，讲故事也不是为了讲故事，而是让孩子模拟人生，在孩子能够理解到的层面，把经典演绎出来。

4. 用

学习了经典，我们常说要"知行合一"，就是在生活中去做、去应用。其实在不知不觉中，这些经典已经在我们的生活中了，只是"人不学，不知道"，我们还没发现而已。例如，我们其实都在践行经典中蕴含的"五常"，即：

仁之用，体现在孝悌，互助互爱。

礼之用，体现在文明礼貌，社会公德。

义之用，体现在自理自立，责任担当。

智之用，体现在努力学习。

信之用，体现在诚实守信。

（三）教法目标

有了书，有了教学方法，那我们开展各种教法的目标是什么呢？第一个是养心，第二个是传道，还有第三个就是育德。所有的经典教学方法都应在这个大目标下展开使用。有的经典适合育德，有的经典适合传道，有的经典适合养心，我们各取这部经典当中的精华就可以了。

（四）课程架构

太阳谷（华夏）学校的经典课程一直在不断完善，几年间各地参学，取长补短，按照生命的成长规律，借鉴古代私塾教法，总结出一套不成熟的课程架构，供大家参考。

第一个阶段：童蒙阶段，童蒙养性主要以蒙学经典为主，主要有《百家姓》《三字经》《千字文》《弟子规》《声律发蒙》《幼学琼林》《道德经》。

第二个阶段：少年阶段，主要有《孝经》《大学》《中庸》《论语》《孟子》《诗经》《易经》和《道德经》。

第三个阶段：青年阶段，大概六年级以上就开始学习《黄帝内经》《史记》等，重点在细解《孝经》《论语》《道德经》等一些重要的经典。

到了中年以后，主要目的是学以致用，大部分经典要用一生去体悟。

这是一个基本框架，但不是绝对的。每个孩子不同，比如说在蒙学阶段，是不是所有的经典都要让所有的孩子学一遍呢？不是。但是至少要有一部经典能从头背到尾，不能这个学一点，那个学一点。曾经有一位家长对我说："老师，我们这个孩子特别聪明，读了老多经典，什么都会。"我问："太好了，都学什么了？"她说："好多好多，您随便说一部都会。"我又问："哪一部经能够从头背到尾的？"孩子看看她，摇摇头说："好像都不能。"

其实，对于古私塾经典教法，孩子从八岁以后开始分流，有专业的和普及的，只有很少一部分人成为专业的儒士。那么，现在我们考虑教学目标的设定时，幼儿园也好，小学也好，教经典的目的是什么？如果说这个孩子您觉得他很有天分，未来他要从事文化弘扬和传播这一条路，那么他可以多学一些经典。相反，让孩子有选择的读也很好。

几年间，我们在李显峰校长的带领下，不断地尝试课程研发，在经典教学中有了一些突破和创新。比如：我们的大语文教学，它包括了六个学科，即经典、鉴史、歌诗、汉字文化、书法，还有语文。经典每天晨读一个小时，还有两节正课。如果每学期按照十五周计算，共90课时，可想而知，华夏的孩子每天徜徉在圣贤经典的氛围中，不断长养心性，开启智慧。

（五）课堂教学要点

太阳谷（华夏）学校课堂教学的要点总结有如下三点：

1. 尊重教育的规律，因材施教，循序渐进，不要贪多

经常有老师问我："你们每节课教多少经典呢？一篇还是两篇？"有的老师认为经典应该从头到尾地读，读完了再从头到尾地教，是这样吗？比如，华夏学校二年级学生通常每节课教授的经典内容不超过一百个字，如果能力强的孩子可以扩展到一百五十字，但是不会超过一百五十字。当然，个别孩子一百字也达不到，怎么办呢？

有一次，我班一个孩子已经读了50遍了，那一小段还是没有背诵下来，拿着书伤心地跑过来，问我怎么办？我说没事，把书拿过来，你今天就背

诵前两句，能背吗？他说："能，太简单了。"不一会，他就跑过来，高兴地说："老师，我会背了！"我说："很好，你今天的任务就完成了！"我同样在他的书上画了一个记号，他就觉得很有成就感——我也会背了。小孩子的专注力是需要慢慢养成的，读经典可以培养定力，但需要循序渐进，最重要的是要符合教育的规律。

2. 心性教育为根本

经典教学的目的是什么？一切美德成于心性，任何一个学科最终的教学目的是让学生有幸福的人生，有积极的人生态度，优良的品性修养。中国古代私塾教育的根本是"成人教育"，今天仍不可离开这个根本。清代林则徐说："行止不端，读书无益；心高气傲，博学无益；作事乖张，聪明无益。"不论这个孩子学会了多少部经典，品行不端正，等于没学，反而离"经典"越来越远了。

3. 与时俱进，中学为体，西学为用

关于如何进行教学，有两部传统经典推荐给大家，《礼记·学记》和《社学教条》。不仅仅是教经典的老师，任何一个学科的老师都值得好好品读这两部经典，不仅收获教法，还有如何传"道"。我们学习中国文化的同时，不排斥西方的教育方法，只要好的，符合道的，都可以为我们所用。

（六）课堂常规流程

经典教学的课堂流程通常有如下几个部分：

1. 正音

老师范读，一句一句地读，特殊情况可以借助音频。老师范读和音频读是不同的，老师范读传输给同学们的是老师亲切的声音，而且非常有条理，读的过程中可以根据学生掌握的情况，随时调整进度的快慢。所以第一是正音，第二才是教的过程。一般情况下孩子们教三五遍就会了，剩下的就是他们互助练习，还可以设计比拼环节等。

2. 学生跟读

我们常用的跟读形式有"开火车读""男女生对读""小组轮读""踏浪读"等，不局限于一种形式，只要能调动孩子的学习热情，都可以使用。

3. 文白对读

文白对读一般不会占用太多时间，同桌两人或者小组四人来完成文白对读。如果孩子遇到不认识的字可以通过查字典来解决。大致上了解意思就可以了，不需要逐字逐句地去讲解。

4. 深入文义

深入文义就是挖掘文中更深层次的灵活性的思想。

时代在发展，学习经典也要与时俱进，仅仅靠记诵远远不够，因为，文字的记诵只是学习的一部分，真正要学习的是文字背后和经典背后传递的精神力量。

比如《论语》中的这句"贫而无谄，富而无骄"，如何深入文义呢？对于贫穷和富有从字面上看，只是两个名词。但究竟什么是"贫"？什么是"富"？"屋漏偏逢连夜雨"就是"贫穷"的象征吗？家财万贯就算是"富有"吗？不然。对于"贫"和"富"，夫子告诉我们还有更深层的含义，那就是贫富的三种境界：贫而谄媚，富而骄横；贫而无谄，富而无骄；贫而乐道，富而有礼。

我们都知道，颜回是孔子最喜欢的学生，以德行著称。他的饮食极其简单粗劣，住在陋巷中，却整天高高兴兴，志趣不改。颜回的日子虽然清苦，但精神却非常富足，因为有良师引路，有志同道合的朋友相伴。所以，从某种意义上说，颜回是富有的，因为他的精神世界富足，所以，苦日子也变成甜日子了。这就是贫富的最高境界，"贫而乐道，富而有礼。"

所以，我们不能单纯地从表面去判定"贫"和"富"，而要从内心的宽度、生命的高度、思想的广度来衡量。学习经典，不仅仅学文字，更重要的是学文化的精髓，文人的气概。

5. 背诵

背诵是课堂上要达到的教学目标之一，但一定不是为了背而背。我们在课堂上通过前面的流程，孩子们很自然地就能背诵下来。

（七）经典原典和诗词曲赋应该怎么学

经典的学习要从经典原典和诗词歌赋分别来说。

1. 经典原典

成人学习经典原典是通过反复诵读，熟读成诵，学习大德解经，再感悟体察。儿童则是兴趣入门，记诵为主，注重身体力行。

2. 诗词曲赋

成人学习诗词曲赋，读厚是基础，读薄是关键，读活是最终目的。儿童则是记诵为主，重在感受人文。

什么是读厚、读薄和读活呢？以纳兰性德的《长相思》为例，读厚就要读一读别人是怎么读《长相思》的，读一读纳兰性德还写过哪些词，读一读纳兰性德的生平故事，读一读写故园、写乡愁的各种诗词。

我们是怎么读《长相思》的呢？"山一程，水一程"，一种含而不露的循环句式，形成"行行复行行"的远离动作，动作的方向是榆关，与"故园"遥遥相对，随着行程的越来越远，造成空间上的巨大张力，产生对"故园"的依恋、渴望。"夜深千帐灯"，夜色深沉，千帐灯燃，然而这不是熟悉的家园的夜晚，怎能不惹起作者强烈的思归之情？"风一更，雪一更，聒碎乡心梦不成"，作者多么希望能在梦中返回故园，但是帐外风雪交加的呼啸声使他难以入睡，这小小的愿望也无法实现。辗转反侧的他怎能不埋怨这聒耳的风雪声呢？"故园无此声"，故园有什么声呢？是母亲的亲切叮嘱，还是妻子的浅笑低语，或者……

纳兰性德是什么样的人呢？首先，纳兰性德是个"天才"。他是明珠长子，明珠其人为康熙内阁大学士、太子太傅，有权有势。纳兰从小过目不忘，17岁进入太学读书，他的老师内阁学士徐乾学非常喜欢他。其次，纳兰性德是个"学霸"。他22岁考中进士二甲第七名，不久成了康熙皇

60

帝的一等侍卫，随康熙南巡北狩，游历四方，少年得志，前途无量。再者，纳兰性德是个"专家"。他年纪轻轻就主持编纂大型儒学汇编丛书——《通志堂经解》，又把搜读经史过程中的见闻、传述整理成文，编成《渌水亭杂识》，一共4卷，内容包含历史、地理、天文、历算、佛学、音乐、文学等方面的知识。

当我们把《长相思》和纳兰性德这个人都读得很厚的时候，就可以读出这首词的灵魂和精髓，也就是读薄。长相思，思什么？思"故园"。在中国文学语境中，故园既是一种生活场景，更是一种精神意象。"故园"的背后又是什么呢？"乡心"。所以这首词的核心就是抒发作者身在征途、心系故土的惆怅之情。

中国文化的美是说不出的"意象"美。正如：

我住长江头，君住长江尾，日日思君不见君，共饮长江水。

——李之仪《卜算子》

思君如满月，夜夜减清辉。

——张九龄《赋得自君之出矣》

红豆生南国，春来发几枝，愿君多采撷，此物最相思。

——王维《红豆》

我们可以通过将诗词读薄，体会诗词的意境，在经典教学中通过各种形式把学生带入美的意境之中。

最后是读活。怎样才算是读活呢？读活就是把自己放进去，也让自己活出来，让诗词来照亮自己，温暖自己。就像这首《长相思》，让自己活出来就是用《长相思》的审美陶冶自己的情感，从而让自己的情感变得更丰富、更细腻，用《长相思》的美滋养自己的心灵，从而让自己的心灵变得更纯粹、更高贵。

二、太阳谷（华夏）学校经典教学实践

（一）优秀传统文化进校园

这几年我们一直在探索传统文化进校园。太阳谷（华夏）学校一直肩负着这项使命，从我们建立太阳谷（华夏）学校以来，我们一直主张心性教育，在这个理念的指导下，我们开始了心性教育的经典文化教育。通过经典"润物细无声"的滋养，提升孩子的思想境界和道德品质。具体表现在以下几个方面：

1. 对自己，是自利。这主要体现在孩子的智慧和福德方面。

每个人都希望我们的孩子学了文化以后，成为一个非常有智慧的人。但智慧有的时候需要我们按下一个确认键。为什么呢？

苏霍姆林斯基说："人们永远赖以自立的是他的智慧、良心还有尊严。"这三者都非常重要，其中智慧放在了第一位。我们来看一下，华夏的孩子学完经典以后，他们有着怎样的智慧流露。

孩子们在二年级的时候，校长给每一个孩子定制了一块美玉，上面刻有"福德"和"智慧"两个词。古代君子都是佩玉、佩剑的，我们现在上学不能佩剑，怎么办？那就配一块玉，也是对孩子们的祝福。为了让孩子们珍惜，老师先要讲校长对每个孩子的祝福和期望，再讲为什么"佩玉"。玉有五德：仁、义、智、勇、廉。讲完之后，请孩子们为美玉赋诗一首。

梁轩赫作品：

> 玉石君子，
>
> 真正玉石，
>
> 没有分别。
>
> 五德之美，
>
> 仁义为先。

柴智作品：

> 纯洁善良君子风，
>
> 要找君子需长空。
>
> 要当君子千磨血，
>
> 同心同德君子风。

金子皓作品：

> 玉之有五德，
>
> 仁义智勇廉，
>
> 玉之廉洁也，
>
> 我必做之，
>
> 如不做之，
>
> 请不给玉。

你看子皓这孩子是有多大的决心啊，做不到就不给，这是真君子，少年君子。

下面是孩子们创作的小诗《云》。汉字文化课上，老师给大家讲《云》，讲完之后孩子们就创作了这些小诗：

金子皓作品：

> 日落夕阳火烧云，
>
> 夕阳西下莲花云，
>
> 长江两岸五彩云，
>
> 华夏学校吉祥云。

王玺凯作品：

> 云上白白何其美，
>
> 三尺高空云与雪，
>
> 走上深山水云间，
>
> 五月飞云过三江。

曲奕霖作品：

> 学校有九山，
>
> 山上有白云，
>
> 我爬一座山，
>
> 看到一朵云。

白启源作品：

> 乌云荡荡，
>
> 不知雨儿归来，
>
> 天长地久，
>
> 不知如何消失。

虽然不太押韵，但孩子们写得都很用心。孩子一点都不贪心，就爬一座山，看到一朵云就满足了。他们的性格就是这样，谦卑、包容、有正气。周五回家前，我把小诗发给一个孩子的爸爸。他的爸爸是华夏编辑部的大编辑，看后问我："孝孝写的是关于云的诗，送给我了。"我回复："挺有味道吧？"爸爸回复："没想到啊，孩子写云却只写一个云字，还富含感情和内涵。我最关心的是孩子的性格和身体。最不关心的是成绩，没想到不关心的反而还可以呀。"无心插柳柳成荫。

下面是孩子们的树叶画作品。到了秋天，各种形状的树叶非常漂亮。孩子们自己画完树叶画后，我突发奇想，何不为自己的"大作"提上几行字？孩子们听后，都很兴奋，开始创作了。这是班里最调皮的一个小男孩写的，作品叫"春季"。"春季到了，春风吹，花开草长蝴蝶飞。"他的这句话出自正在学的语文课本。他能想到，并能学以致用，还用得恰到好处，这说明他学会了。

这个是周真好同学的，题目是《银杏树》，"银杏水杉活化石，金桂开花满院香。"这句话也出自小学的语文课本。

这个是柴智的作品，"远看山有色，近听水无声。春去花还在，人来鸟不惊。"

曲奕霖为他的作品题字："天下大事必作于细，天下难事必作于易。"取自于《道德经》当中的一句话。

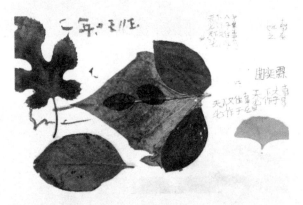

李容泽为他的作品题字："十年树木，百年树人。树无根不长。人无志不立。"能感受到他的胸怀大志吗？

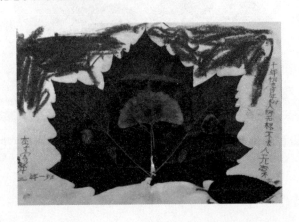

三年级的时候孩子们又进行了一次创作，看到美丽的春天来了，我们就写"见春有感"。

第一首也是金子皓的作品《花开》：

> 桃花开，
>
> 梨花开，
>
> 华夏学子尤自在。
>
> 不知春风吹何花？
>
> 李花一夜满树白。

还押了一个韵呢！

第二首是《春天》，是两个孩子合写的，一个是王禹恒，还有一个是曲奕霖。

> 今日华夏春风暖，百风吹树水摇波。
>
> 绿叶风间蝴蝶舞，湖通江河连海平。

第二首的最后一句，你发现他用了哪首词了吗？《春江花月夜》的"春江潮水连海平"，我鼓励他们，好的诗人都是从仿写而来的，所以大胆地用，没关系。

三年级孩子们还仿写过一篇小散文。意大利·贾尼·罗大里写的《需要什么》。原文是这样的：

> 做一张桌子，需要木头；
>
> 要有木头，需要大树；
>
> 要有大树，需要种子；
>
> 要有种子，需要果实；
>
> 要有果实，需要花朵；
>
> 做一张桌子，需要花一朵。

孩子们进行了仿写和改写，第一首是戴明轩写的，作者是"中国·华夏·戴明轩"。有国际感吧！

富强的国家，需要人才；

人才从哪里来？需要培养；

培养从哪里来？需要智慧；

富强的国家，需要有智慧。

你说她有没有智慧？这是我们班里年龄最小的一个孩子，特别可爱。

第二首是王玺凯写的，作者也是"中国·华夏·王玺凯"。

富强的国家，需要人才；

人才从哪里来？需要智慧；

智慧从哪里来？需要好学；

富强的国家，需要好学。

所以学习需要老师去鞭策吗？不需要，启动他内在的动力，他知道为什么学习就可以了。

第三首是张瀚中写的，我们班最大的大哥。

富强的国家，需要人才；

人才从哪里来？从德行来；

德行从哪里来？从自强来；

自强从哪里来？从经典来；

富强的国家，需要经典。

这个孩子就像他散文里面写的一样，连续两年蝉联"品德奖"的奖学金，从开学到现在已经四年了，没有跟任何一个孩子发生过争执。

第四首是刘永翰写的，作者"中国·华夏·刘永翰"。

富强的国家，需要人才；

人才从哪里来？需要智慧；

智慧从哪里来？需要经典；

经典从哪里来？需要圣人；

富强的国家，需要圣贤。

最后一首是金子皓的作品。

> 富强的国家，需要人才；
>
> 人才从哪里来？需要人民；
>
> 人民从哪里来？需要学生；
>
> 学生从哪里来？需要婴儿；
>
> 婴儿从哪里来？需要父母；
>
> 富强的国家，需要伟大的父母。

然后我就把这篇小散文直接发给他的爸爸妈妈，我说你们都是伟大的父母，培养出如此智慧卓越的孩子。

下面这首很长的作品是柴智创作的。

> 富强的国家，需要人才；
>
> 人才从哪里来？需要能力；
>
> 能力从哪里来？需要强大；
>
> 强大从哪里来？需要自强；
>
> 自强从哪里来？需要勇气；
>
> 勇气从哪里来？需要别人的爱；
>
> 爱从哪里来？需要用心感觉；
>
> 心从哪里来？需要身体；
>
> 身体从哪里来？需要母亲；
>
> 母亲从哪里来？需要人的保护；
>
> 保护母亲从哪里来？需要人用心去爱；
>
> 富强的国家，需要成千上万的爱。

这就是孩子们创作的作品。我当时看这些作品的时候，真的是热泪盈眶，我为他们有这样的思想和格局而感到骄傲和自豪。

到了四年级的时候，他们创作的作品更长了，开始写文章了。虽然写的不能上报纸，但是我觉得挺好，因为有思想，有格局，有内在，他们的智慧都得到了升华。

2. 对他人，是利他。这体现为孩子们的感恩和有礼。

学习经典的孩子，更应该有感知别人的能力。从两方面来说，一是感恩，二是有礼。给大家读两篇我接连两天写的日记，时间是 2019 年 3 月的两天，刚开学不久，那个时候天气还有点凉。

2019 年 3 月 11 日　星期一　阴

今天天气很不好，有些阴天。不知道是不是天气原因，影响孩子们的食欲，午餐吃得都不多。我洗完碗后，刚要走，看到家宁还没有吃完，一脸难受的样子。走过去问："怎么了，孩子？"他说："老师，我吃不完了。"我突然想起，他妈妈告诉我，上周在学校吃得太多，周末吐了两次。

我想可能是积食了，忙说："那就不吃吧。"他说："那不就浪费了？"我看了看他，餐盘里有酸菜、香菇，还有米饭，都拌在一起，剩了不太多，我看了看他，说："这次，老师帮你吃了吧，你等着，我去拿双筷子。"我快速去拿筷子，开始吃他的剩饭，他一边看着我，一边眼泪汪汪地说："要是我，我才不会吃别人剩的饭呢！"我看着他，说："没事，你的剩饭也不脏。"说完就全都吃完了。

当天晚上，他就对我特别亲，去宿舍查寝的时候，抱着我说："我想你了。"呵呵，这个小暖男。现在，他是我们班最调皮的一个孩子，每天都抱着我。

2019 年 3 月 12 日　星期二　晴

晚上，我觉得肚子胀，不想吃饭，独自在教室看书。不一会，李航老师（当时李航老师是我们班的副班主任，现在荣升为一年级的班主任）给我打电话问我在哪里，我说在教室。他说家宁看到我晚上没吃饭，怕我饿，给我打了面条，（家宁就是刚才我给他吃剩饭的那个孩子，你给予他什么他就能回馈你什么）一会给我送到教室。我听了，心里暖暖的幸福，被人关怀的滋味真好。

不一会，只听外面急促的脚步声，茉茉和轩轩跑回来了，我一看，她俩都只穿了毛衣，黄色小龙人棉外套拿在手里。她们一见我，轩轩就赶紧从棉外套里掏出藏在里面的"热乎乎炸酱面"，茉茉从外套里掏出一把"带着体温的小勺子"。因为保鲜膜没封好，她们跑得急，里面面条酱洒到了轩轩的衣服里，我赶紧起身去给她洗，她却说："老师，快吃吧，一会就凉了。"我感动得热泪盈眶，不知说什么才好，快步去卫生间，把酱渍洗干净。回来后，吃着热乎乎的面条，感受一个"儿子"，两个"女儿"带给我的温暖，觉得这样的生活真美好！

这是我们班孩子的故事。其实老师和孩子们相处的点点滴滴就是这样"润物细无声"。生活中老师和孩子们心与心的连接，更是我们要给予孩子的，这就是心性教育的魅力。

3. 对事情，要有正见。这体现在孩子们的无我、奉献和仁爱。

什么叫正见？对事情正确的见解。比如：无我、奉献、仁爱。我给大家分享几个小的案例。

第一个是"大舍大得练无我"。2019 年 7 月份，我们在华夏艺术节的时候做了一个大的举动。当时学校正在筹建初中部，资金非常紧张。作为华夏的一员，我们想通过自己的努力为学校尽一分力量。

华夏每年的艺术节都会邀请所有的家长朋友和一些嘉宾汇聚到校园里，参与我们的美食一条街。我们也借此机会把孩子们艺术节亲手画的画义卖给家长和嘉宾们，筹集的善款全部捐给学校用来建中学。孩子们做这些作品用了 21 天的时间。

　　同时我们还做了小板凳。我们做的小板凳是用砂纸一点一点纯手工打磨出来的，特别的光滑，这个凳子中间还印一个福字，我们起了一个名字叫"坐福"。

坐福

"艺术节美食一条街"活动当天，我们就在 3 号楼的前面，把所有的画和小板凳全摆出来义卖，底价 50 元，具体价格由家长和嘉宾自己来定。当孩子们告诉家长我们为什么要做这件事情之后，结果出乎我们的意料，所有作品很快就被抢购一空了。孩子们虽然也会舍不得，但是为了帮助学校，他们都非常地开心。

记得当时有一位家长问孩子："你这幅画画了多久？"他说："21 天。"然后那个家长就问他："你舍得卖吗？"他说："不舍得。"

"那为什么你还要拿出来卖呢？要不然你拿回家吧。"

他说："不，因为学校更需要我的这份付出。"

然后那位家长非常地慷慨，拿出 300 元钱给他，孩子当时就拿着钱欢呼雀跃地说："我挣钱了！"这就是成就感。通过自己的努力带给他的那种成就感溢于言表。

那次义卖我们一共收到 4301.6 元。后来我们班家长得知这件事以后，为孩子们的这种行为所感动，他们也义务奉献，为我们集了 30000 元钱。后来我们找了一个机会，在一个阳光明媚的早晨，迎着朝霞，面对着五星红旗，把这些善款分成了 25 份，让每个孩子亲手递交到了校长的手中。当校长接过这份沉甸甸的人民币的时候，我们的孩子非常开心，因为他们为学校的明天献了一份力，尽了一份责。

回到教室后，我又给他们做了一个总结。这就是"小舍小得，大舍大得"，今天看似把自己辛苦的付出奉献了出去，但是我们利益了他人，这份情义会传递给很多人，校长会永远记在心里，孩子们也都觉得无比的开心，这就是"舍与得"。

第二个是奉献。有一次，班级做了一个主题月，叫作"奉献月"。这个月我们不谈别的，就谈奉献。你为别人奉献了什么？你能为别人奉献什么？

我们首先在班里开了一个讨论班会。同学们说："老师，我们可以为全校的老师同学打餐。"我说："好。那么我们这个月的奉献就从服务打餐开始。"于是我们做了学校食堂的小义工。我们每一天都早一点到食堂去为别人打餐服务,并且都是面带微笑。老师和同学们用餐结束后,我们又负责清扫,大家做得都非常开心。

主题月谈"奉献"

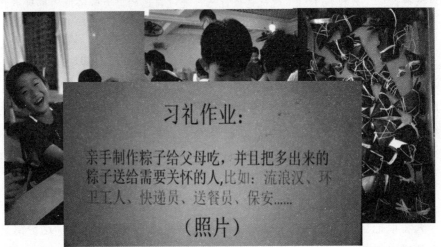

习礼作业:

亲手制作粽子给父母吃,并且把多出来的粽子送给需要关怀的人,比如:流浪汉、环卫工人、快递员、送餐员、保安……

（照片）

恰好那个月又赶上端午节。我又问孩子们:"我们还能奉献什么?"于是讨论后,那周的习礼课,我们又亲手制作了粽子,让孩子们带回家给父母吃,并且多做了很多粽子送给那些需要关怀的人。比如,有的同学把粽子送给了环卫工人和保安。保安叔叔还给他敬礼呢!为什么?因为他们对孩子的这种行为肃然起敬。

所以,你能想到多少,你就做多少。把爱传出去,你就会发现当我们去关怀别人的时候,别人也会感受到你对他的这份关爱。所以那一个月,

孩子们通过奉献收获了满满的幸福。

这里还有一个感人的小故事。去年秋末的一个早晨，吃过早饭后，我带着孩子们从餐厅回教室，那天天气很冷，淅淅沥沥下着小雨。我们刚走到教学楼后门，有个孩子大声地喊道："老师，门后面有一只小麻雀。"

我们走过去一看，果然是一只被冻死的小麻雀。小霖忙用双手托起死去的小鸟，对我说："老师，它死了，我们去把它埋了吧。"我看了看他说："好的。"于是，我让他带着小鸟去"找个风水好的地方"，我负责去借铁锹。他在后院的小树林里找了个僻静的地方，他对我说："老师，这块我们不经常来玩，同学们不能踩到。"我同意了。因为是秋末，泥土有些冻硬了，很难挖，好不容易挖了个小坑。我说："快，把小鸟放进去吧。"他迟疑了一下，说："老师，能等我一下吗？"我有些纳闷，还没等我开口，他已经转身跑了。我心想，这个孩子，真奇怪。

不一会儿，他气喘吁吁地跑回来了，手里拿着一块干干净净的绿色小抹布，饱含深情地对我说："老师，天气太冷，我想给小鸟盖上被子。"瞬间我的眼睛就湿润了。我拥抱了他，对他说："你真善良，老师要向你学习。"晚上，我在写教师随笔中写道：今天，跟小霖一起埋葬死去的小鸟，让我感受到"恻隐之心，仁之端也"。感恩小霖，让我看到孩子本善的心。

4. 对事物，要有敬畏。这体现在孩子们对待食物、衣物、大自然乃至万事万物的态度与行动中。

在商务印书馆出版的《新华字典》最新修订第11版中，与前一版相比，在动物方面删除了如下内容，比如："狸，毛皮可制衣物""鹌鹑，肉可以吃""鲳，肉细腻鲜美""牛，肉可吃，角、皮、骨、可做器物"。这样的改动，是基于对生命的尊重和敬畏。

人要有敬畏之心，要敬畏自然、敬畏生命、敬畏历史、敬畏传统、敬畏道德、敬畏法律……一个人如果没有敬畏之心，就会为所欲为，不论犯下多大过错也心无悔意，终成社会公害。孔子在《论语·季氏》篇中也说："君子有三畏：畏天命、畏大人、畏圣人之言。"

对于孩子，如何培养他们的"敬畏心"呢？比如，我们班的孩子，从生活入手，让他们感知生活中的每一样物品都要轻拿轻放，尤其对于书本要恭敬；要珍惜、爱惜衣物和食物；敬畏大自然的一切，因为大自然的生命力来自我们的呵护。

我们用班费给孩子们每人买了一株小植物，让孩子们随机选择，把拿到植物的那一天命名为"植物领养日"。领养后，孩子们要对小植物像呵护小宝宝一样呵护它，要给自己的"植物宝宝"取一个好听的名字，并写下对它的祝福语。他们要自己查找养护小植物的方法，包括多久浇水，是否需要阳光照耀，什么土壤适合生长等。

敬畏每一个生命

孩子们都很珍惜自己的"植物宝宝"，一下课就赶紧跑过去看望它，当小植物开花了，长高了，都会让孩子们欣喜万分，自己也很有成就感。同时，孩子们课下还互相交流养植物的成功经验，老师顺势引导："如果我们珍惜、爱护小植物，它就生长得很健康，给我们带来欢喜；如果不在乎它，不去照顾它，它很快就会枯萎、死亡。"这就是生命的平等。你对别人心存善念，也会感召同样的善念对自己，你尊重每一个生命，每一个物品，也会同样得到他人的尊重，因为万事万物都是平等的。

对植物的生命要敬畏，对同学、朋友、亲人的生命更应该关心。前不久，班级一个女孩子不小心摔倒，胳膊骨折了，班级的同学们都很惦记她。周五放学后，孩子们私底下开始商量，要去看望该同学。他们有计划地分了组，几名同学负责买文具，几名同学负责做贺卡，还有几名同学买吃的……因为我一直在医院陪护这个孩子，所以，当我打开病房的门，惊喜地看到班级孩子一拥而入的时候，顿时泪如雨下，觉得孩子们真的是大情大义。

情义

（二）经典教师的培养

1. 以文化复兴为己任

现今我们都在讲经典，说经典，同时我们也能看到，咱们国家有很多地区的孩子，连经典是什么都不知道，不知道《论语》是什么，不知道《道德经》是什么。但是在日本，很多年以前已经开始了读经教育。日本的幼儿园也在读中国的《论语》。日本特别尊重中国的文化，尤其是汉字。日本幼儿园三岁的孩子就开始接触汉字，老师教他们认识汉字，感受汉字，记住汉字。

日本人一生学习中国文化的时间有多长？六十年。对于一个民族来说，六十年意味着什么？我早年出去学习的时候，曾经有一个老师告诉我，她去韩国考察，韩国每一天晚上有一个固定的时间段，大概是 18：00—20：00 这个时间段，所有电视台全部播放的是中国的《论语》，全民在学《论语》。所以，走出国门你会发现，尤其像韩国、日本这样的国家，他们随处可见的这种标志性的语言，全部来自中国的文化，还有他们的礼节都源自中国的文化。

我们中国的文化，被充分传承和发扬的却是其他民族，这是为什么？是因为我们没有把我们的传统文化重视起来。所以我们迫切地要学习经典，真正开始我们的文化复兴之路。

经典老师必须得懂经典，儒释道三家经典都要涉猎，把师道尊严重拾回来。古语说："国家将兴，必贵师而重傅。"在古代，老师是很受人尊重的，如今老师没有被重视，其中一部分原因是我们自己不自强。如果我们通达人生道理，真的能够指导学生的人生幸福，像习主席说的那样"吐辞为经，举足为法"，何忧不被人尊重呢？用经典培育出真正为社会奉献的大才，师道尊严就恢复了。《学记》里说："能为师然后能为长，能为长然后能为君。故师也者，所以学为君也。"古代的老师和学者，他们不仅是教育家，又是政治家、文学家，文武双全，为什么？因为他们精通历史、医学等各种经典，他们做任何事都能有理有据，应对自如。

所以，我们作为新时代的经典教师，要抓紧学习和成长，以文化复兴为己任，为天地立心，为生民立命。

2. 经典教师的标准

《孟子·尽心上》当中有一句话，说"以其昭昭，使人昭昭"，是说贤者以其昭昭，使人昭昭。"昭昭"是明白的意思。这句话什么意思？古代的圣贤都是自己明白了再去使人明白，让人去做。而现在的人，自己还没整明白就去要求别人去做，这完全是两个不同的层次。

作为一名老师，自己要有一桶水，才能给学生一杯水。作为传统文化老师，我们更应该做到先自己有，然后才能传递给别人。所以我们要做一个"以其昭昭，使人昭昭"的经典老师，要从如下三个方面去努力：

（1）有情怀，知行合一，学到并且去做。

（2）有格局，诚意正心。你要相信文化的力量，相信你自己，你有这个能力去做这件事情。同时，你要相信经典，相信我们的孩子，他们有这个能力去传承，去发扬。

（3）有智慧，人情练达。现在关于读经有很多种说法，有的说"书读百遍，其义自见"，不需要解经，只需要大量地读，安静地读；也有的说需要适当的解读，需要加点训诂学。众说纷纭，褒贬不一。我们在这里也不抨击任何一种方式和方法。经典是我们中华文化的瑰宝，我们在学习经典的过程中，在给孩子传授的过程中，只要是能让孩子真正学到优秀的传统文化的方式和方法，它就是好的。

3. 经典教师的成长

习主席在同北京师范大学师生代表座谈时说："做好老师，要有理想信念，要有道德情操，要有扎实学识，要有仁爱之心。"老师自古就被称为"智者"，作为经典老师，在这个文化断层的时代，更要有传承文化的决心，付出比常人更多的努力，做文化的传承者、继承者和发扬者。所以，我们要注重在以下三方面努力：

（1）有愿心

有一个关于"伟大和渺小"的故事。在很久以前有一只小老鼠，它觉得自己太渺小了，于是它就渴求非常伟大的东西。有一次，它抬头一看，天空广阔无垠，它觉得天是最伟大的，于是对天空说："你是不是什么都不怕呀？我这么渺小，你能给我勇气吗？"天空说："哎呀！我也有怕的东西。我最怕乌云，因为乌云能够遮天蔽日，当它遮挡我的面容的时候，我什么也看不见了！"小老鼠觉得乌云更了不起，就去找乌云，说："你能遮天蔽日，是最伟大的。"乌云说："我也有怕的，我最怕狂风。好不容易把天遮得密密的，大风一吹，就把我吹散了。"小老鼠一听，又去问狂风，狂风说："我也有怕的，我最怕墙。地上有堵墙的话，我根本绕不过去，所以墙比我厉害。"小老鼠就跑去找墙："你连风都挡得了，你是不是最伟大的？"墙说了一句令它非常惊诧的话："我最怕的就是老鼠，因为老鼠会在我下面钻洞，总有一天，我会因若干个鼠洞而轰然倒塌。"这个时候小老鼠恍然大悟。找来找去，整个世界都找遍了，原来，最伟大的就是自己呀！

伟大和渺小，只在一念之间。那么我们因什么而伟大？又因什么而渺小？有人说我们因为实现了自我价值而伟大，是的，但同时每个人又都有渺小的一面，那就是我们都有自己的不足。当我们看清了自己的伟大和渺小时，就知道我们应该向哪个方向去努力了。

清华大学林格教授在《做有智慧的教育者》一书中写道："在我的心目中只有一个词语，任何时候都可以让我满含热泪，这个词语就是祖国。对于我们的祖国来说，最大的矿藏不是石油、煤矿，而是人的内心。人的大脑蕴含着无限能量，教育的使命就是发掘这座无法用数量级来衡量的巨大价值。"当我读到这段话的时候才发现，原来伟大是在我们所从事的各个行业中找到自己的价值。

作为一名教育工作者，我们肩负着时代的使命，肩负着教育的责任。"经典"需要我们共同来继承，"吟诵"需要我们共同来推广。这就是我们要有的愿心，而且还要有持之以恒的决心。中国文化博大精深，我们所涉猎的只是中华文化宝库中的一部分，待开发的还有很多很多。如不立下"为往圣继绝学，为万世开太平"之志向，如何能够"以梦想点亮梦想，以人生成就人生"？

（2）有师有传承

韩愈在《师说》中写道："嗟（jiē）乎！师道之不传也久矣！欲人之无惑也难矣！古之圣人，其出人也远矣，犹且从师而问焉；今之众人，其下圣人也亦远矣，而耻学于师。是故圣益圣，愚益愚。""圣人无常师。孔子师郯（tán）子、苌弘、师襄、老聃（dān）。郯子之徒，其贤不及孔子。孔子曰：三人行，则必有我师。是故弟子不必不如师，师不必贤于弟子，闻道有先后，术业有专攻，如是而已。"

汉代扬雄《法言·学行》中记载："务学不如务求师。"有老师和没有老师完全不一样，老师就像灯塔一样，永远为你照亮前方的路。我非常感恩我的老师，老师的言传身教胜说千万言，老师的人格修养胜读万卷书，能亲仁无限好，感恩老师在我的人生路上不断为我领航。

所以，在学习和成长的路上，多向老师请教，多向身边的"智者"请教是非常关键的。

（3）广读博闻

《论语》中说："知之者不如好知者，好之者不如乐之者。"求知，是人的本能。作为教师，更应该首先填满自己这"一桶水"，才能给学生"一杯水"。吉姆·崔利斯在《朗读手册》的第一页有一句话深深地触动了我："你或许拥有无限的财富，一箱箱的珠宝与一柜柜的黄金。但你永远不会比我富有——我有一位读书给我听的妈妈。"所以，经典老师一定要多读书，读好书，多读经，熟读经。关于读书，跟大家推荐两类书籍。

第一类：经典原典。也就是经典原文，不加注释或简单译注的原文。

第二类：经典教义。

给大家推荐几本关于经典教学的书籍。

《南怀瑾选集》

《南怀瑾谈儿童读经》

《我爱吟诵》——徐健顺、陈琴

《经典即人生》——陈琴

《吟诵教程》——徐健顺

《迦陵说诗》系列的《好诗共欣赏》《叶嘉莹说诗讲稿》等——叶嘉莹

《诗词格律概要》《诗词格律十讲》——王力

《朗读手册》——吉姆·崔利斯

《朱子读书法》——朱熹

《国学概论》——钱穆

《做有智慧的教育者》——林格

《师道人生一》《师道人生二》——李显峰

另外推荐学习吟诵的两个网站："我爱斯文网""中华吟诵网"。

华夏学校的老师每周都会写《教师成长手册》，手册内容包括闻、思、修，即闻思书籍、教育随笔、教学实践。一学期下来日积月累，点点滴滴都是成长的脚印。

"自天子以至于庶人，壹是皆以修身为本"，从事经典教学的老师一定要修身正己，唯行道者能明道，唯明道者可传道。但是，我们要避免一个现象，就是我们读了几本经典，就总是用经典里的标准去衡量别人，认为这个不对，那个不好。行有不得，反求诸己，还是先做好自己。

关于教师成长，分享林格教授《做有智慧的教育者》书中的几段话：

以自己的纯净洗净他人的污浊，有容清纳浊的，是水。教育者的修炼之路：包容。

汪洋大海，能蒸水为云，变成雨雪，或化而为雾，有凝结成一面晶莹明镜的冰，不论其变化如何，仍不失本性的，是水。

保持本真而高贵的内心，把自己放到一个"无用为大用"的姿态上，无我是教育者的最高境界。

此外，《礼记·学记》告诉我们："独学而无友，则孤陋而寡闻。"

我们老师之间一定要互相鼓励，互相借鉴，取长补短，为了共同的目标和理想而努力。

（三）家校共育

经典教学需要老师和家长相互之间的理解沟通，怎样能让家长认可我们这样的一个教学方法？这要先从教育理念开始说起。

华夏学校的所有孩子在进入学校之前，家长们首先要了解学校的教育理念，所谓"道不同，不相为谋"，我们首先在孩子的培养目标上要与家长达成一致。

比如，华夏的课程体系与其他学校有差别，学校重视经史学习，重视孩子身体健康，更重视心性成长。那么语、数、英学科在三年级以前远不及其他学校课程排得那么多，而是撷取了精华部分来学习。这个理念家长一定要提前接受。

其次，您想把孩子培养成什么样的人？这是目标。有家长说我并不希望我的孩子未来成为大才，他做一个普通人就可以了，这与我们的育人目标似乎有一些差异，华夏学校所培养的孩子，都是胸怀大志，将来会是时代的接班人。孩子现在还小，可能还不懂这些，但是父母是孩子的第一任老师，父母的价值观和教育理念是非常重要的，因为孩子是家长的复印件。

有位老师问我："有的孩子为什么有那么多习性，好动，爱唠叨，嘴不闲着，为什么呢？"你观察他的家庭，要么他与一个爱唠叨的妈妈或者长辈在一起生活，耳濡目染，要么孩子内心长期得不到释放，时间长了就成了这个样子。

华夏学校非常重视家长的学习和成长，所有入学孩子的家长们都要参与到线上或线下的家长课堂中来学习，其中最重要的内容就是由显峰校长亲自讲授的《家道传承》课程。为什么要开设家长课堂呢？家长们认可华夏就是认可我们的心性教育，家长课堂是维系学校跟家长之间，维系家长跟老师之间的一把钥匙。如果家长不参与家长课堂学习，很快就会跟不上孩子成长的脚步。他们甚至可能不知道学校都发生了什么，孩子是怎么成长起来的。通过家长课堂，家长的思想逐渐与学校的理念同频共振，家长们长期受到文化的滋养，亲子关系、夫妻关系甚至家庭的书香氛围都有了很大的改观，这些都对实现家校合力促进大才们的快乐成长，起到至关重要的作用。同时，家长课堂也是一座桥梁，加深了彼此之间的理解与情感互通，也赢得了家长们对学校老师的信任和支持。

华夏的家长们还自发成立了"家长委员会"，学校的大小活动总会看到他们无私奉献的身影。因为他们知道，从孩子走进华夏那一刻，他有了另一个名字"华夏的孩子"。更有很多优秀的家长，走上了"家庭教育"的讲台，以一名家庭教育义务讲师的身份，为身边其他家庭的幸福送去光明和力量。

从班级管理的角度来说，作为班主任要及时跟家长作沟通和汇报。我是班主任，同时也是一名家长，我的孩子也很小，所以很理解妈妈对孩子牵挂的心情。比如说开学第一周，那么小的孩子刚刚送到学校，家长最牵挂的是什么？衣食，冷暖，健康，哭没哭啊，住得习惯不习惯。所以要感受家长的感受，将心比心。

尤其入学第一周非常重要，老师要拍一些照片，及时向家长汇报孩子的情况，心力特别弱的孩子要多给些关怀。告诉家长们孩子在这里很好，让家长们放心。

其实，更多的时候，老师要做的工作不是安抚孩子，而是安抚家长。不是孩子舍不得父母，是父母舍不得孩子。有个别孩子哭闹是正常现象，离开了妈妈，离开了家庭，到了一个新的环境，需要适应的过程。一般孩子的适应期是一周到两周，也有的需要一个月，甚至有的孩子需要三个月，因人而异。但请相信，孩子是很坚强的，随着时间的推移，班级基本上稳定了，家长这个时候希望看到的是什么？就是孩子们的成长。比如说孩子们写的诗，及时发给家长看一看。孩子们写的书法作品，发给家长看一看。孩子在德行方面有哪些成长和进步，老师要写好随笔发给家长，这是一个积累的过程。在这个过程中，家长看到的是什么？是老师的用心啊！

有一本书叫《讲台上下的启蒙》，这本书中提到要把学生放在心里。如何能把学生放在心里？比如去年冬天的时候，因为瓦房店的天气冷，风很大，家长就怕孩子冻着，给孩子穿了一双雪地靴，靴子特别高，但是教室里面是地热，孩子热得受不了，上课就乱跺脚，我问他怎么了？他说："老师，我脚丫太热了。"我问他穿几码的鞋，凑巧跟我穿一样大的，我就带他去我的宿舍，把我的一双运动鞋给他穿上，刚合适，舒舒服服地上课去了。周末回家的时候，他见到妈妈，第一件事就大声地说："妈妈，看，我穿的是老师的鞋。"可想而知他内心的自豪。家长回给我信息说："老师，太感谢您了，儿子说，这双鞋一定要给老师刷干净。而且不用妈妈刷，他要亲自刷。因为老师在第一时间帮助了我，我要感谢老师。"星期一，他用小盒子装着干净的鞋子带回来，恭恭敬敬地对我说："老师，谢谢您！"

有一次，有个孩子的手指不小心划破一个特别小的小口，赶紧过来找老师。对于大人来说这可能是无足轻重的小事儿，对孩子来说可是件大事儿，怎么办呢？我一看，赶紧说："哎呀！破这么大口啊，疼不疼啊！"这时候你要问他，你要关心他，让孩子时时刻刻感受到老师把他放在心里。虽然孩子很多，老师有些累，但这种幸福也是不言而喻的。孩子的情感是最真实的，真心对他好，关心他，爱护他，他是知道的，即便你严厉地批评了他，他也不生气，他的心不会受伤，他知道这是老师对他的爱。

家校共育的过程很辛苦，很不容易，需要老师付出几倍的努力，可是想想，为了成就孩子的一生，还有什么比做老师更幸福的事呢？

第四章 经典吟诵教学

我们常说"书读百遍，其义自见"。但是，我们拿到一篇文章以后，读了一百遍，就一定能感受到这篇文章背后传递的是什么思想，作者是一个什么样的人吗？显然不能。为什么？心不一样。这里有一个非常关键的问题，古人读书的方法跟我们读书的方法是不一样的。古人是怎么读书的呢？"自古读书皆吟诵"，"吟诵"就是今天我们听到的"唱"。我们现在所说的读书就是读书，"朗诵"这个词源自西方。而在中国古代的私塾教育当中，读书都是吟诵的。

一、什么是吟诵

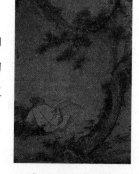

关于吟诵，我们要从吟诵的历史说起。

请大家看第一幅图，叫作《太白行吟图》。

太白是谁啊？李白。他在干什么呢？一边走着，一边吟唱，一边作诗。

第二幅叫作《观瀑吟诗图》。我们能看到一个人，他拿着书却并没有冥思苦想，他在看外面的瀑布，一边看着那个美景，一边就唱出来了，一首作品就诞生了。

第三幅是《屈子行吟图》。屈子一边走一边唱，也是表现了

《太白行吟图》

《观瀑吟诗图》

《屈子行吟图》

《春园吟诗图》

创作的过程。

第四幅是《春园吟诗图》，图中有两个女子在吟诗。古代不仅仅是男子能作诗，女子也一样可以。《红楼梦》第三十八回中，宝玉笑道："今日持螯赏桂，亦不可无诗。我已吟成，谁还敢作呢？"说着，便忙洗了手提笔写出。

为什么先是吟成？而不是写成呢？一字之差，表达的意境相差甚远。

第五幅是《李杜行吟图》，图中两个人互相交流着，你一言我一语，新诗作就诞生了。

第六幅是《秋窗读易图》。我们看古人读书的时候是死盯着书本吗？不是。《毛诗大序》记载："在心为志，发言为诗。情动于中而形于言。言之不足故嗟叹之，嗟叹之不足故咏歌之，咏歌之不足，不知手之舞之，足之蹈之也。"这是创作的真实过程。今天的写作和那时候读书完全不一样。《文心雕龙》有云："故寂然凝虑，思接千载；悄焉动容，视通万里。吟咏之间，吐纳珠玉之声；眉睫之前，卷舒风云之色——其思理之致乎。"你看，连表情都跟着动呢！

大家还记得鲁迅先生的《从百草园到三味书屋》吗？有一段是这样写的："先生自己也念书，后来我们的声音便低下去静下去了，只有他还大声朗读着，铁如意，指挥倜傥，一坐皆惊呢！"其实在原文当中没有这个"呢"字。为什么会被读出来呢？我们想一下，这位先生他是怎么读书的，后面怎么还出来一个"呢"字呢？"呢"它是个语气助词。唱的！怎么唱的呢？人家肯定是

《李杜行吟图》

《秋窗读易图》

这样的，缓释微吟："铁如意，指挥倜傥，一坐皆惊呐……"那是一个尾音，一边坐着，一边闭上眼睛在回味。所以，周围都静了下来，只有他还沉浸在自己读书的那种乐趣当中，这就是读书的喜悦。

1920 年西方话剧传入中国，产生了新式的读法，被译为朗读、朗诵。先用于白话，后用于古诗文。为避免混淆，学术界一直在探讨另一种新词代替"读"，统称汉诗文的传统读法。那么"吟诵"这个词是从什么时候开始有的呢？ 2009 年，"第一届中华吟诵周"会议上定名为吟诵，并申报国家语委，成立了正式的"中华吟诵学会"。

古代各式读书方式统称为"读"，包括歌、唱、诵、读、吟、咏、哦、叹、哼、呻，这些全是"读"的一种形式。有形式就有方式，有状态，如：朗，默；急，缓；高，低等，这些所有的方式和状态都统称为读。所以，在古书古文当中提到的"读书"，你一定要知道他是在"吟"，风声雨声，吟诵声，声声入耳。

那么古人的"吟"，今天就改名为吟诵。程子曰："《论》《孟》只剩读着，便自意足。学者须是玩味。若以语言解着，意便不足。"（朱熹《读〈论语〉〈孟子〉法》）意思是你不用解释那么多，你就读，这个"读"翻译成什么？吟诵，你只要吟着，学者须是玩味，如果说死抠着义理的部分，就体会不到圣人写经典的境界和用意了。所以，只有在吟诵当中你才能去感受和体悟，因为中国的文字、声调都是有意义的！

比如，什么叫书声琅琅？有的时候我们听到学校教室里面孩子大声地读书，说："你听到他们琅琅的读书声了吗？"其实非也，应该是"琅琅"。"琅"字是什么旁？"王"字旁。在古代，琅琅是两块美玉敲击的声音，叮叮咚咚，响亮的那种感觉，这叫书声琅琅。

我们再说"读书百遍，其义自见"。"读"在这里也翻译成"吟"——吟诵。"熟读唐诗三百首，不会作诗也会吟"，真的是这样。多读唐诗，从唐诗里可以领悟到很多意境。

我们总结一下，古代所有的私塾都是吟诵着教学的，吟诵是中国古代教育体系的基石，是基本的学习方法和教学方法，因此古人把上学叫作读书，把文人叫作读书人，因为学习的基本形态就是读，即吟！这就是为什么我们习惯把学问很高的人叫作读书人的缘由。

古代的教育，其目的是树人，把高洁的品格和文化的特质注入一个人的生命。从诵读经典到诗词文赋、琴棋书画，从理性到感性，从内容到形式，都是在进行人格教育。

例如：零岁到三四岁，为家学时期，实际上是从胎教就开始的。胎教最早见于《大戴礼记》，其原则跟现在的胎教理论没有太大的差异。孩子出生后的婴幼儿时期，主要的任务是健康成长，还有基本的生活常识和礼仪规范，这个时期孩子的老师就是她的母亲。

历史上存在了八百年之久的周朝就出现了三位伟大的母亲，即太姜、太任、太姒，后世称他们为周室三母。《列女传》中记载太任时说道："太任之性，端壹诚庄，维德之行。及其有身，目不视恶色，耳不听淫声，口不出傲言，能以胎教。溲（sōu）于豕（shǐ）牢，而生文王。文王生而明圣，太任教之，以一而识百，卒为周宗。"这段文字的意思是：太任不仅自己端庄贤淑，而且在怀文王的时候，为了能让自己的孩子有好的德行，在怀孕期间，非礼勿视，非礼勿听，非礼勿言。而且坐卧讲究，饮食禁忌，从不吃不该吃的，不做不该做的。所以文王生下来就非常聪明，圣德卓越，太任教他一，他就识得百。所以，先祖们多么有智慧，直到今天，这些宝贵的人生经验还在影响着我们。

三岁以后到七岁，是蒙馆的学习，也就是要去私塾读书了，先生开始教生活习惯和学习能力。到了八岁以后，就开始分专业了。适合种田的专门学习种田，适合经商的跟随商人专门学经商，适合习武的、学医的等，都跟随老师开始专业的学习。于是，最后只有一部分人才会学儒。儒是什么？就是今天我们专门从事经典文化传承的人，是很少很少的一部分人。

在今天，经典变成了普及教育，没有作为专业教育。如果只是拿出一部经典让所有的人读，其实从某种意义上来说，我们没有完全理解古人教学的用意。比如在一线教学过程当中，有的孩子一读"四书五经"就犯困或者不想读，那么怎么办？可以先读一读简单的蒙学经典，为什么要强迫他每天坐在那里几个小时去做他不感兴趣的事呢？而读经原本也并不是死记硬背的读法，而应该是吟诵！

古代考一个简单的秀才都是非常不容易的。我记得中学学过一篇文章

《范进中举》，主人公范进一直生活在穷困之中，又一直不停地应试，考了二十多次，直到五十四岁才中了秀才，接着参加乡试，有幸又中了举人，喜极而疯。作品中虽然有很多讽刺的意思，但也反映出古代科举的严谨。有多严谨呢？下面一段文字摘自徐健顺教授的《我所理解的中国古代教育》，我们一起来看看。

古代文人能背过多少字？一般在几十万字到几百万字之间。大家都听说过茅盾能背《红楼梦》吧？随便打开一页，他都能背下去。能背《红楼梦》的不止他一个。《红楼梦》一百万字。这还是当玩的。真正要背过的，首推"十三经"。

科举要考的。八股文是从"十三经"中随意抽取一个词、一句话、一段文字，就以此为题作文。所以"十三经"都是要背过的。"十三经"多少字？据南宋郑畊老统计，《周易》24207字，《尚书》25800字（近人黄侃除去伪古文，则17925字），《毛诗》39224字，《周礼》45806字，《仪礼》56115字，《礼记》99020字，《左传》196845字（孔子春秋本文18000字），《公羊传》（清阎若璩统计）44075字，《谷梁传》（清阎若璩统计）41512字，《论语》13700字，《孝经》1903字，《尔雅》13113字，《孟子》34685字，《大学》1753字，《中庸》3568字，共计641326字。

背过这64万字就可以进考场了吗？当然不行。因为你还不会写八股文呢。八股文是"十三经"为题，所以古代的高考复习资料叫"高头讲章"，就是把"十三经"的每句话都作题目，下面附上一篇典范八股文。排版的时候，题目也就是"十三经"正文高出八股文，所以叫"高头讲章"。没有这些"高头讲章"做底，你怎么敢进考场？一篇八股文多少字？五百字到一千多字。也就是说，要看"十三经"的千倍的文字。

一个考生掌握的数量大概就在几亿字。其中不会都背过，但是背过的也当在百万字以上。背过"十三经"，掌握"高头讲章"，就可以了吗？当然还是不行。明清科举虽然主考八股文，可不是不考诗词文赋，况且诗词文赋也是八股文的基础。要掌握诗词文赋，就要背过或熟读楚辞、乐府、汉魏六朝赋、古诗、唐诗、宋词、元曲、诸子百家、文选、古文观止等一系列诗文，字数也不在几十万以下。

这样就可以了吗？当然还是不行。没有读过《史记》算什么文人？没有读过《资治通鉴》算什么文人？所以还要读史，好的也要背过。此外，天文地理、农业水利、医卜数术、拳理兵书，都要涉猎。琴棋书画、文武双全，这才能算是个文人。

所以说，古人文人能背过几十万字到几百万字，决非虚言，也非大言，而是保守估计。现在我们的学生能背过多少？我在大学教课，大一新生我总会问：能背过多少字啊？有一万字吗？下面都摇头。有五千字吗？下面还摇头。这就是我们的教育。

（以上文字摘自徐健顺教授《我所理解的中国古代教育》）

当然，社会在发展，文化在传承，我们以古为鉴，继往开来，为的是做适合时代和国情的经典教学。教育的目的是培养完善的人格，识字的教育、专业的教育、科学的教育，这些都是途径，不是最终目的。在这些教育背后，贯彻着一种精神的教育，做人的态度和原则的教育，做事的态度和方法的教育，这才是更重要的。

我们再来看一幅图：

图中正襟危坐的是孔夫子，旁边是他的学生，夫子正在给学生们上课，可以说是"传道"。仔细观察他的学生在学习的时候有没有像我们现在这样坐得端端正正的呢？没有。那他们在干什么，三个人一组两个人一伙的在读书，最重要的是你看孔子身旁的这位学生，他正在向夫子请教，夫子正在一对一地授课。旁边那几个人有没有参与呢？没有，他们在读自己的书，在排队等候老师的指导。

下面这是一张清朝学馆的照片。

　　照片中有四个小孩，一位私塾先生。塾馆的布局是很讲究的，先生坐在教室的最后方，教室的最前方挂的是夫子像。先生旁边有两个孩子，第一个孩子是背对着他的，他在干什么？在背书。旁边那个小孩子在干什么呢？在准备，下一个就轮到他了。再看前面的两个孩子在读自己的书，这是离我们年代最近的清代学馆的场景。

　　下面这张是日本的菅茶山授学图。

　　日本和韩国的礼教都发源于中国。菅茶山是日本江户时代后期的汉诗人。代表诗集《黄叶夕阳村舍诗》收录二千四百余首作品。他也是模仿中国古私塾的教法，所有的学生都围坐着，进行一对一教学。这些都是古代先生授学的常态。

　　我们看了这么多有什么感受呢？从吟诵的历史中我们领略到的是中国文化的博大精深。其实我们今天所认识的文化与真正的文化还有很大的差异，所以，我们只有在努力学习经典的过程中慢慢体会文化的魅力。

二、怎样学习吟诵

"诗言志，歌咏言，声依咏，律和声"，这是《尚书》中的一句话，是对吟诵最早的诠释了。今天，我们要学习吟诵也并不难，人人都能学会，只是要敢于张开嘴巴唱。汉语是旋律型语言，我们天生就是一个会唱歌的民族，只要会说话就会唱歌。比如说80、90年代，我们常听见街上有收破烂儿的和磨刀的在吆喝，他们是怎么吆喝的呢？"收——破烂儿——嘞——"还有"磨剪子嘞——，锵菜刀——"他们的语调有高有低，有长有短，是不是听起来像唱歌呢？

所以，吟诵就在生活当中。那么，"磨剪子"是否就应该唱这个调呢？其实不是，人家就是在心为志，怎么想的，就怎么唱。所以吟诵离我们并不遥远，触手可及。

可能有的老师说，我天生五音不全。五音指的是什么，宫商角徵羽，对不对？没关系。只要你张开嘴巴唱，每个人都有每个人的调，因为每个人都是独一无二的。所以，我们经典老师一定要端正思想，不要认为自己不会唱歌就不会吟诵。因为古人的诗词曲赋不是为别人创作的，是写给自己的，所以吟诵是唱给自己听的。

学习吟诵要注意哪些基本规则呢？

首先，吟诵就像唱歌一样，刚学吟诵的初期，大家可以伸出手来比划音阶的位置，1（Do）、2（Re）、3（mi）、4（Fa）、5（So）、6（La）、7（xi）。我们通过手势来帮我们找准调子，唱起来就容易多了。

其次，吟诵在唱的时候不能倒字，这是吟诵的规则，依字行腔。什么叫不能倒字？就是这个字读什么音，你就唱什么调。比如说清明的"清"，它是第几声？平长仄短，平声。唱的时候起调可以从低音哆（Do）开始唱。

比如，"清明时节雨纷纷"，我们可以试着感受"读""诵"和"吟"的差别。我们很容易发现铿锵有力是朗读的特征，"清明，时节，雨纷纷！"

那么，什么是"诵"呢？诵的时候就要平长仄短，我们可以在诗句的上面标识出一些吟诵的符号：有小短横的，就是短平，正常读声调即可，比如，"清一"。"明"字是第二声，向上扬的。吟诵调的规律有句口诀"一二声平三四仄，入声归仄很奇特！"一二声都属于平声，有长平、短平，那么"明"它是一个长平，比"清"字稍微拖长一点。再看"时"字，它又是一个短平。"节"字是入声字，用一个叹号来表示。入声字的特点就是短而促。我们唱的时候，孩子们做手势的话，就用手点一下。"雨"字是上声字，第三声，上声字最不好唱，因为你得拐个弯，所以必须伸出手来，向下再向上拐个弯。"纷纷"，音特别长，是长读当中拖得最长的。如果我们来诵的话，就是这样的"清一明一时一节！雨纷纷——"感受到了吗？雨一直在下个不停。

我们再来感受"吟"。"吟"是带有旋律型的声调，有高有低，它是对字或词的一种强调。那什么是调呢？你认为应该怎么样读，就怎样唱出来，字和字之间高低起伏的旋律关系就叫作调。比如，这句话我想强调"清明"这两个字，那就把"清明"这两个字唱得高一点儿，如果想强调"时节"呢，就把"时节"唱得高一点儿。总之，你想强调什么，就用吟来突显一下，其他的字找一个音准就可以了。

第三，吟诵的声调是依据中国语言的四声八调系统。四声是什么？一声、二声、三声、四声。一声和二声都归为平声字，三声四声为仄声字，还有一个叫入声字。现在我们说的普通话已经混淆了，但在方言里还比较明显。关于声调读法我们有个口诀：

平：平声平道莫低昂；

上：上声高呼用力强；

去：去声分明哀远道；

入：入声短促急收藏。

平声用小横线来表示，仄声是用一个竖线来表示的。根据符号，平声应该高一点，还是仄声应该高一点？是仄声应该高一点。

平生和仄声我们根据声调就能分辨出来，但是"入声字"都有哪些呢？有一个"入声字表"，常用的有400多个，大家经常用自然就能背下来了。

我们平时在教学生吟诵的时候，可以设计几个手势，比如："平声"，伸出小手在胸前划一道横线；"仄声"，用右手在胸前画一条竖线；"入声"，用右手半握拳状，在胸前点一点即可。就这样，手动起来，声调就找到了，吟诵的感觉就有了。

推荐大家一本书《我爱吟诵》。书中的每一首诗、每一篇经典都详细标注了吟诵符号，便于大家练习。为什么要注重声调呢？因为声调是有意义的。平声，在汉诗文当中它体现得比较多，说明是很平常的。如果是上声的呢？上声通常表现的是细小、亲密的意思。去声是坚决、果断。还有一个入声，是痛苦的！我们想一想，汉诗文中，以入声字押韵的都是非常痛苦和决绝的那种感觉！例如柳宗元的《江雪》："千山鸟飞绝，万径人踪灭；孤舟蓑笠翁，独钓寒江雪。"

再如李白的《静夜思》这首诗：床～前～明～月～光～疑是～地～上～霜，这首诗如果我们来吟诵和读的感觉就完全不一样，如果按以前的读法，我们可能把作者的心境都理解错了。这一点，大家以后随着慢慢品读汉诗文，可能会有更深的感触。

第四，在反复的涵泳过程当中，还要根据字的起伏，根据涵义去调节，叫作依义行调。我们在吟诵的时候，根据涵泳和对诗意的理解，来决定诗中的哪个字音应该读得最高。比如"床前明月光"，假如是"明"字读得高，那么"床前～明～月光"唱起来就不能再平着唱，而是到了"明"字时要选用某个调。这种感觉唱起来跟读起来还是一样的，怎样读就怎样唱，只是个别字稍微调一下，调在音阶上，这就是依义行调。但是不管你的调怎么变，每一个字永远要把它的声母、韵母、声调唱出来，二声永远向上，四声永远向下，一声永远平着唱，这样就可以唱歌了，就这么简单，剩下的就要靠平常的练习了。

我们平时在练习吟诵的时候用的是普通话吟诵调，以普通话为标准，大胆地唱。张开嘴巴，就迈出了第一步。我们可以从自己的名字和别人名字开始练，从我们随处看到的标语、广告开始练，从简单的蒙学经典开始练。

但是，吟诵不是一日的功夫，需要勤学苦练，很多经典老师都是通过日积月累的练习才能达到一定程度的吟诵功底。只有老师们之间相互鼓励，齐学共进才能快速成长。总之，吟诵并不难。只要你敢张嘴唱，多练习，则人人可吟诵，人人能吟诵。

三、如何开展吟诵教学

在经典教学中，吟诵是孩子们非常喜欢的诵读经典的方式之一。但是，在开展吟诵教学的同时，还有几个要重点关注的问题。

（一）静心

在诵读经典时，我们先要教孩子们静心，以调整孩子们身心放松，这是读经前的重要准备。

放松到什么程度呢？就是气沉丹田。最好在读经的过程中，能够感受到我们的呼吸，在一呼一吸之间，你的小腹是一上一下的。在这个时候我们会特别地放松。如果读经的时候很紧张，读完也就完了，读了什么全都忘了。而当我们在放松的情况下去读，能感觉到一边读，经句就一边渐入内心，与自己融为一体，我们能感受到自己正在吸收经典的能量与精华。

静心的时候，我们让孩子们听优美的音乐，老师或者什么都不说，或者顺应着音乐的旋律，轻声细语地教一些放松的技巧："请放松头部，脸部，腹部，放松小腿，请将注意力放在腹部，感受腹部一上一下的，吸气时腹部向上，呼气时腹部向下"，待到他们很享受的时候，音乐差不多可以停了。这时候，孩子们的气脉是打通的，然后我们再开始诵读。

诵读前还要调整坐姿，孩子们要端身正坐，然后放松，深吐三口气，能感觉到这个气是从小腹这里出去的。我常跟孩子们讲，这都是功夫呀，得从小练。当你气沉丹田的时候，你去读经，读完会出汗，就像做了有氧运动一样。圣贤在著写经典的时候，他不是很紧张地写，而是自然地流淌出文字，所以我们也要用自然的状态来接受经典的滋养。

（二）发声练习

我们在晨读的时候，通常还会带孩子们练练口唇操，也就是发声练习。

有的孩子说话不是很清晰，zhi、chi、shi分不清楚，但是做了一段时间口唇操，口齿就伶俐了许多，这个方法大家可以借鉴。

我们先来发一个坡（po）的爆破音。这个音我们看似发起来很简单，但是很多孩子发不出来。其实在这个过程中是练什么呢？用丹田出气。大家把手放在丹田处，感受从丹田发出的 po po po…，第二个是发"斯"的声音来练气息。比如在唱"床前明月光"的"光"字时，需要用到气息。气不够长你就唱不了那么长，怎么办呢？练习轻轻地发 si~ 的音。你会发现，你练的时间越长，你的气息越长。还有像唇部运动，舌部在唇前齿后三百六十度旋转，还有顶针式的，还有练习舌头打响，这些都可以练习舌与唇的敏感度。这些看似简单，但有些孩子不会做，多练习就好。

我们还会教孩子绕口令。比如：

八百标兵奔北坡，北坡炮兵并排跑，炮兵怕把标兵碰，标兵怕碰炮兵炮。

还有开口音的练习。我们发出的"大学"（闭口嘴型）和"大学"（开口嘴型）完全不一样。早晨的时候，老师问候小朋友："大家好！"这个"大"的音在说的时候，嘴角是不是上扬的呢？老师会让大家互相看着同桌，要求必须是微笑的。

还有一个"哈~哈~哈"的练习。双手掐腰，先吸气，丹田用劲，发出哈~哈~哈的声音。还可以发一个"阿"的音，把两只手指放到耳后的小挂钩处，当发出"阿"这个音的时候，嘴巴要张开，吸气，然后发出阿~阿~阿的声音。假设你现在站在一个非常非常高的山顶，你要把你的声音送出去，你要怎么办？所以嘴巴一定要张开，吸气，然后阿~~~。

以上这些都属于科学的基本发声，需要进行适当的练习。

（三）诵读方法的选择

吟诵是根据文章的深意，对每个字的诵读有长短高低的变化。用什么调取决于涵义，也取决于我们想表达什么？但是，并不是所有的经典都适合吟诵的方式，可能有的经典就适合用轻快明朗的节奏来读，比如歌诀体诵读法。

对于适合吟诵的经典，我们要引导孩子通过吟诵把经典真正的内涵、本意表达出来，让孩子们感受到作者的本怀。

比如，我们吟诵《诗经·鹿鸣》。《鹿鸣》表达了迎接远方的客人时，从心底里流露的欢喜之情。所以作者就想写这个诗来欢迎他，这就是待客之"道"。所以，不仅内容要合乎道，我们读经的方式也要合乎道。用正确的吟诵方法去吟诵经典，才能把经典中蕴含的"道"传递给孩子。

　　所以《鹿鸣》的吟诵是饱含喜悦的：

> 呦呦鹿鸣，食野之苹。
>
> 我有嘉宾，鼓瑟吹笙。
>
> 吹笙鼓簧，承筐是将。
>
> 人之好我，示我周行。
>
> 呦呦鹿鸣，食野之蒿。
>
> 我有嘉宾，德音孔昭。
>
> 视民不恌，君子是则是效。
>
> 我有旨酒，嘉宾式燕以敖。
>
> 呦呦鹿鸣，食野之芩。
>
> 我有嘉宾，鼓瑟鼓琴。
>
> 鼓瑟鼓琴，和乐且湛。
>
> 我有旨酒，以燕乐嘉宾之心。

　　当别人这样待我的时候，我就知道这样做是符合道的，是心性的自然流露。所以，当孩子们带着这样的情感反复吟诵的时候，古人待客之道的这种精神就会传递给孩子。

　　当然，各种经典的篇章中，有欢快的也有忧伤的。忧伤的呢，我们就要按照忧伤的调子来唱。比如《诗经·王风·黍离》。

> 彼黍离离，彼稷之苗。
>
> 行迈靡靡，中心摇摇。
>
> 知我者，谓我心忧。
>
> 不知我者，谓我何求。
>
> 悠悠苍天，此何人哉！
>
> 彼黍离离，彼稷之穗。
>
> 行迈靡靡，中心如醉。

知我者，谓我心忧。

不知我者，谓我何求。

悠悠苍天，此何人哉！

彼黍离离，彼稷之实。

行迈靡靡，中心如噎。

知我者，谓我心忧。

不知我者，谓我何求。

悠悠苍天，此何人哉！

《王风·黍离》是说什么呢？周平王迁都以后，周朝就开始没落了，没落到什么程度？我们都知道天子所在的地方是整个国家的中心，周边都是诸侯国，诸侯国每年要向天子汇报工作。但是从周平王开始，天子和诸侯国平起平坐了，所以周朝就没落了。没落以后周朝大夫再回到原来的都城，看到都城杂草丛生，往日的盛况已不在的时候，内心百感交集，无限伤感，就写下了这首《王风·黍离》。

诗中的"彼黍离离"让我们想到什么了呢？"离离原上草"，就是草茂盛的样子。"离离原上草"的离离正来源于这首诗。彼稷之苗中的"稷"是哪种粮食？是指高粱。"黍"是大黄米。诗人几次反复到旧都城这个地方，先是看到高粱的苗，再看到穗，最后看到长得满满的果实。但是他每次看到这些都无限伤感，于是他感叹道：理解我的人知道我心里忧伤，不理解我的人，会说你这是干什么呀！走路都"行迈靡靡，中心摇摇"，摇摇欲坠的样子。苍天呀！这是谁让我这样的呀！

这就是《王风·黍离》要表达的。这首诗用吟诵的方式来诵读，就能把这种伤感完全地呈现出来，感染孩子的内心。

四、蒙学经典的吟诵教学

关于蒙学经典的吟诵教学，首先我们来读徐健顺教授的一段文章，对古代蒙学教育先有一个简单的了解。

在某种程度上，可以说中国古代是有三年义务教育传统的，这个时间，大概是儿童三到六岁，也就是蒙学时期。这个年龄段的孩子，已经能调皮捣蛋，但又没有劳动能力，所以家长一般愿意把这个年龄段的孩子送去私塾。到了六岁左右，他能带弟弟妹妹了，能放牛了，能砍柴了，很多人家就会让孩子辍学，所以古代很多农民是受过三年左右的蒙学教育的，会背《三字经》《百家姓》和一些唐诗，但是并不是文人。上学的不只是男孩，也有女孩。古代也有女馆，专教女生的。也有专门给女孩读的蒙学书。我们采录到的吟诵调，有的先生会分男调女调，教男生是一个调，女生则是另一个调，比男调要温柔细腻。从小家碧玉到大家闺秀，都是要上学识字的。

综合这些情况，中国古代的文盲率大概是世界上最低的。我们总有个印象，觉得旧社会文盲率高。这是因为 1950 年的调查数据是 80% 以上的文盲率，有的地方达到 90% 以上。但是，1860 年代，外国传教士曾在湖南一带做过调查，结果是文盲率只有 60%，而且还是一般的县镇山区。在城市，文盲率会低于 50%。一百年间，文盲率的飙升有两个大的原因：一个是战争，我们都知道那是怎样的一百年。另一个更重要，是教育体制的急速更替。1912 年元月中华民国成立，旋即废止读经，政府只承认新学堂的学历。私塾大批消失，而新学堂却一时寻不到教师。今天全国都难觅国学教师，情况不是一样吗？只是方向相反而已。当年教育转型太急，以至于广大县镇农村，包括许多城市，新学堂一时难以建立，建立起来质量也没有保障，而私塾已经大量消失，结果是两代中国人，大批失去了受教育机会，文盲率一下子上升了近一倍。以前，不是这样的，古代的中国人，大部分是识字的，所以这个国家，叫作文明古国，这个地方，叫作天朝上邦。

不仅如此。子曰："弟子入则孝，出则悌，谨而信，泛爱众，而亲仁。行有余力，则以学文。"有子曰："贤贤易色。事父母，能竭其力；事君，能致其身；与朋友交，言而有信。虽曰未学，吾必谓之学矣。"教育并不是以识字为必须的。教育的目标，是把人培养成一个好人，一个健康的人，一个对族群有用的人，一个人生幸福的人。苟能如此，何必识字？慧能大师就是明证。

以上文字摘自徐健顺教授的《我所理解的中国古代教育》。这段文字让我感触颇深，看到古代教育的目标，看到古人培养人才的路径。古代教育的严谨更让我汗颜！今天，我们在蒙学的经典教学上应该借鉴古人的经验，把好的传统继承下来，把好的文化传递给孩子，从小开启幼儿的心灵教育。

对于蒙学阶段的经典教学，主要是诵读，而蒙学经典也多以吟诵的方式来诵读。所以，关于吟诵的教学实践，我们就以蒙学作为重点来展开介绍。

（一）蒙学吟诵的文体特点

蒙学吟诵的文体特点是节奏均匀，旋律简单，正音识字，典故格律。蒙学部分的文字节奏和旋律没有强烈的变化，唱起来朗朗上口，符合孩童的年龄特征。在古代，八岁以前的孩子就可以识字三千，自由阅读，都是因为有蒙学经典作为基础。所以，蒙学读本的功用之一是正音识字。这些读本当中更是包罗万象，旁征博引，内容丰富，不乏典故、成语、常识等。

（二）蒙学吟诵的要点

蒙学吟诵的要点是字正腔圆，亲切活泼，掌握格律，解读典故。比如，《百家姓》就是很典型的蒙学读本，韵律简单，一字一顿，欢快活泼，没有固定的曲调和节奏。尽管很简单，但很多学校都是从《弟子规》开始，往往忽略了《百家姓》这本重要的典籍，为什么说重要呢？他的第一个功用是正音识字。小朋友刚刚入学，要学习正确的发音，同时还要识字。第二是创新思维。《百家姓》有很多种唱法："赵、钱、孙、李、周、吴、郑、王……""赵钱、孙李，周吴、郑王……""赵～钱孙李，周～吴郑王""赵钱孙李，周吴～郑王，冯陈褚卫，蒋沈～韩杨……"无论用什么节奏和唱法，只要你能想到的都可以，唱起来都是欢快活泼的，这就是蒙学经典的创新思维。500多字的典籍，在欢快的节奏中就唱完了，还能增加孩子的记忆力。

我曾在课程中这样设置和引导：

师：孩子们，我们一起做个小游戏吧！

生：好！

师：老师数10个数，请大家快速找一找跟自己同姓的小伙伴，手牵手，因为同姓即同家。

生：（离开座位，开始找同伴）

师：（播放音频，师生一起吟诵《百家姓》）

师：（师生唱毕）孩子们，刚刚大家一起唱了《百家姓》中500多个姓氏，这些姓氏啊，由我们的先祖传给他的后代——儿子、孙子，一代一代，子子孙孙一直传到了我们这里。你们还会传下去吗？传给谁呢？对了，由你、你的子孙，一直传下去。只要有中国人，就一定有百家姓；无论你来自哪里，无论在世界的任何角落，只要说出你的姓名，世界上的人就知道你是中国人！无论你姓王、姓赵、姓张……我们都有一个共同的姓名叫"中国"。请大家回到自己的座位上，无论你旁边的同学姓什么，请你真诚地跟他握握手，说一声："你好！家人！"

生：（开始互相握手，拥抱）

师：（出示中国历史名人图片：孔子、蔡伦、张衡、司马迁、曾国藩、毛泽东、周恩来、钱学森、习近平和中国人民解放军及运动员）孩子们，这些都是中国人，你能叫出他们的名字吗？你知道他们有哪些卓越的功绩吗？

生：（自由发言）

师：在这些人中，有没有跟你同姓的前辈？他们都为人类作出了巨大的贡献，才让世界人民记住了他们的名字。你想不想像他们一样，做一个了不起的中国人，为父母争光？为家族争光？为国家争光？

生：想！

老师：那我们从现在做起，从孝顺父母，尊敬师长，团结同学做起；从上好每一堂课，读好每一本经典开始，好不好？

生：好！

这是课堂上我跟孩子们互动的小片段。

通过这部经典，最重要的是告诉大家：所有的中国人，尽管姓氏不同，但我们生长在同一片天空下。同一片大地哺育着我们，我们是同生共荣、万物一体的大家族。当我们带着这种情感去教孩子的时候，孩子们的体悟一定有所不同。

再来看《三字经》，刚才是一字一顿，现在是三字一句了。节奏上有了变化，但仍然有韵律，朗朗上口。《三字经》全文1722字，与《百家姓》《千字文》并称为"三百千"，也是古代学童必读的蒙学读本。其内容包括了中国传统文化的文学、历史、哲学、天文地理、人伦义理、忠孝节义等，而核心思想又包括了"仁、义、诚、敬、孝"，非常地全面，它的作者是南宋的王应麟。

公元1271年，忽必烈宣布建国，国号为元，次年定都北京，1279年灭南宋，正式统一中国。南宋灭亡以后，王应麟隐居乡里，闭门谢客，著书立说。明代著名诗人黄润玉在《先贤赞》中称颂王应麟："春秋绝笔，瑞应在麟。宋诈讫录，瑞应在人，尼父泣麟，先生自泣。出匪其时，呼嗟何及。"他更是一位深深怀恋故国的"南仕"。入元后，其文章大多只写甲子不写年号，以示不向元朝称臣，他以"浚仪遗民"署名就是例证。也有人说，他隐居后，开办学堂，《三字经》就是他写给本族后代和学堂孩子们的读本，意为虽已改朝换代，但我们不能忘记先祖功绩，我们身体流淌的永远是汉人的血液。所以，从某种程度上说，这部经典蕴含着圣贤深深的爱国情怀，作为老师一定要知道这段历史，传递给孩子们。

再来看《千字文》。《千字文》的作者是南北朝时期梁朝散骑侍郎周兴嗣。关于《千字文》的成书过程，史书上少有记载，在唐人李绰的《尚书故实》中曾提及："梁武教诸王书，令殷铁石于大王（按指王羲之）书中搨一千字不重者，每字片纸，杂碎无序。武帝召兴嗣谓曰：'卿有才思，为我韵之。'兴嗣一夕编缀进上，鬓发皆白，而赏赐甚厚。右军孙智永禅师，自临八百本散与人间，江南诸寺各留一本。"在《千字文》的导讲中，我会给孩子们讲"周兴嗣一夜白发"的故事，孩子们非常喜欢听。同时，这部经典蕴含了两个"道"，一个天道，一个人道。天道是自然规律，是不以人的意志为转移的，例如："寒来暑往，秋收冬藏。闰馀成岁，律吕调阳。云腾致雨，露结为霜……"而人道是有人的主观意志的，人对自然的认识和宇宙的认识是有限的。《千字文》内在的含义是告诉我们不论做什么事都要遵循规律。

了解了《千字文》的这些背景以后，老师先通读全文，划分几个部分，这样便于教授给孩子。孩子们在唱的时候，要把握节奏和韵律，可以变换很多种形式，比如小朋友两三个人一组唱，拍手唱，男女生对唱，小组接龙唱，开火车唱，都可以。只是不要一味死板地坐在那里读个不停就好。因为那样既不符合孩子的生理特征，也不符合教育的规律。

还有一部经典叫《声律发蒙》。《声律发蒙》是明代的作品，《声律启蒙》是清代的作品，两者相差 500 年左右，功用都是一样的，是训练儿童应对和掌握声韵格律的启蒙读物。从单字对到双字对、三字对、五字对、七字对到十一字对，声韵协调，朗朗上口，从中得到语音、词汇、修辞的训练。因为有关《声律发蒙》的注译很少，所以附叙一篇，供老师们参考。

声律发蒙叙（明·杨林兰）

昔苏长公云："匹夫而为百世师，一言而为天下法。"盖高风亮节卓立于当世，斯流风余韵昭著于来兹，古今人未尝不相及也。考滇南杨林兰先生者，自幼闭户潜修，读书好道，不求闻达于当世，惟以诗酒琴棋自娱性天，风月自适。使其出而有为，当与刘诚意、宋景濂后先继美，树丰功而赞伟业，何自甘蠖屈为也。殆孟子所谓天民者也，必世主之见求，方出就而有为，是莘野南阳待聘之意也。先生文甚夥，奈明末屡经兵燹，残缺不全，传写多讹。惟《发蒙》一书，切于幼学，吟诵之下，恍觉景物山川，皆成佳趣；庙堂经济，如在目前。学者童而习之，便不至白首茫然也。夫地以人名，人以地限，纵有博学奇才，湮没无从表见者，不可胜道，先生之《发蒙》虽云小技，即一斑以窥全豹，而先生生平亦借此略见其大概矣。昔人谓李邺侯披一品衣，不改神仙丰度，今观先生文，言言珠玑，句句琳琅，是又以经纶雷雨之才，而具神仙丰度者也。嗟乎！庙堂草野，出处虽有二致；兼善独善，显晦原归一途。先生虽不仕于当时，其永传于后世也，苏子之言，不于此信不诬也哉！

乾隆辛酉元日翰林院编修督学云南使者乌程孙人龙题书。

序

声律发蒙，为塾师课童蒙之本，所在皆有其书。南海谭叔裕言曾见有元人板本，与今坊本相同，则其由来已久。余见乌程孙端人学使所刊嵩明兰止庵茂本，其用韵以东钟山寒合部，似遵洪武正韵，殆于元人旧帙有所增损也。此外又见有所谓对类对歌者、蒙习对歌者、启蒙韵学者，或题为汤若士显祖，为李九我廷机，为昆明程云九振鹏，章句繁简略殊，属辞无不沿袭，则又辗转增损，意或坊肆为之而托名诸人也与。

剑川赵藩。

接下来感受一下"四书"之一的《大学》。何为"大学"，大人之学。我们来试读一下："大学之道"，注意，大学的"大"字是开口音，所以在唱的时候要张开嘴巴。"德"是入声字，唱的时候要短促有力。后面的字，根据吟诵符号来吟诵即可。大家能感受到，文本发生了变化，不再是对韵，文字也不再整齐，而是变成了"古文"。

《我爱吟诵》这本书中有明确的吟诵符号标注。吟诵古文时，字音有平读、长读、短读和重读四种，总结为"字分实虚入，音分短重长"。符号有"˜ • ！"三种。平读不用标识，˜ 表示长读，！表示入声字短读，• 表示重读。一般来说，虚字多重读，实字多平读，入声字需要短读，逻辑重音等处需要重读，重中之重则可长读，其余地方平读。平、重、长读之间，有时也不是那么严格的，其中含有个人不同的理解。所以古文的标注，不是那么确定的，书中的符号，除了入声字之外，都可以看成是一种提示。

还有一点要十分注意，老师们唱的时候可以旋律不同，但一定不能"倒字"。在古文当中的"矣"是虚词，"物有本末，事有终始，知所先后，则近道矣。"这个"矣"字要拖长。"知止而后有定，定而后能静，静而后能安，安而后能虑，虑而后能得"的"而"是要长读的。古代私塾学童为什么摇头晃脑地读书呢？比如《论语》和《孟子》，是怎么读的？自己先读一读，虚心涵泳，切己体察之后会有不同的理解。所以《大学》的吟诵不一定固定一个调子，孩子们读熟了以后会有自己的调，可以自己读。

华夏学校的经典吟诵课有一个特征，您会发现孩子们学习的进度不太一样？怎么有的读了一半多了，有的才读到前几段，甚至个别孩子在读其他经典。当然，这只是个别现象。因为华夏学校是小班制授课，每个班级只有二十几个孩子，会有古私塾"因材施教"的影子。但是想完全复制那种教法是不可能的，因为那种教法是一个面，而不是一个点，它有系统，有次第，有方法，我们还要与时俱进。正如前面谈到的，中国人本身就是一个会唱歌的民族，孩子们三三两两地在一起读书，不用教他调，他自然而然就唱出来了，这就是一种习惯的养成。

再来看《道德经》。我们在给小孩子讲经典吟诵的时候，不需要讲平仄和声调这些，直接唱就可以，老师心里有数即可。因为讲那么多，第一孩子太小理解不了，第二他容易混淆，第三他觉得太难了。就好像我们刚开始教小孩子唱歌的时候，你要教他乐理知识吗？不要。都是张嘴就唱的，唱就可以了，这个也是一样。"道可道，非常道。名可名，非常名。无名天地之始。有名万物之母，故常无欲以观其妙，常有欲以观其徼，此两者同出而异名，同谓之玄，玄之又玄，众妙之门。"就这样唱，不需要统一的调调，孩子们唱出来就好。

还有这首《诗经·卫风·木瓜》，几乎是童蒙阶段孩子们最喜欢的一首诗。这首诗，我们是这样教给孩子们的：

小朋友们，想不想听老师给你们唱首歌啊？那就请你们端身正坐，竖起小耳朵，用心来聆听这首来自三千年前的心灵之歌。

这位小朋友鼓掌真热烈，让我感觉到我的歌声一定是特别的优美，感动了你，你才用这样的掌声来回报给我，是不是啊？你有木瓜的精神，我献给你一支歌，你就报之以热烈的鼓掌，谢谢你！小朋友。

我想知道，当你们在家里的时候，是不是也有叔叔阿姨来串门？还给你们带来了礼物？那你们是怎么回报叔叔阿姨的呢？

我们是不是也可以把《木瓜》这首歌送给你们的爸爸妈妈，以及送给你们礼物的那些叔叔阿姨们呢？

那我们今天一起来学习一下《木瓜》。现在跟着我一句一句地唱。唱的时候也可以带着动作。

投我以木瓜，报之以琼琚，匪报也，永以为好也；
投我以木桃，报之以琼瑶，匪报也，永以为好也；

投我以木李，报之以琼玖，匪报也，永以为好也。

你们唱得可真动听！是不是有些同学都会了？这回跟老师一起唱！太棒了！

孩子们，这首歌是不是很简单啊！好像就是一样的话在重复地唱，是吗？但是我告诉你们，这首歌的意思可不简单呢！

比如第一句，"投我以木瓜，报之以琼琚"，意思是说：如果你送给我一个木瓜，我要回报给你一块琼琚美玉。木瓜珍贵还是美玉珍贵呀？木瓜吃了就没有了，可是美玉能伴随人一生，美玉更珍贵。所以，有人送我礼物，我要加倍地去报答人家。那是为什么呢？接着第二句：匪报也，永以为好也！意思是：我加倍的回报，不是想要报答你的恩情，而是想永远跟你做好朋友。

第二段："投我以木桃，报之以琼瑶。匪报也，永以为好也！"如果你送给我一个木桃，我会回报给你一块琼瑶美玉。我不是想要报答你的恩情，而是想永远跟你做好朋友呀！

最后一段："投我以木李，报之以琼玖。匪报也，永以为好也！"如果你送给我一个木李，虽然很小，我也会回报给你一块琼玖美玉。我不是想要报答你的恩情，而是想永远跟你做好朋友呀！

在我们中国人的心中，友情比美玉更珍贵。那现在我们知道这首歌的内涵了，请小朋友们带着对朋友的感恩，再唱一遍这首情义之歌吧！

真不错，学得好快啊！都会唱了。那以后老师给你们盛饭的时候，也请你们唱一句木瓜里的话来回报老师对你们的照顾，好吗？

今天晚上回家的作业就是，你可以给爸爸妈妈倒一杯茶，然后唱《木瓜》，唱一句也行，两句更好，三句最完整啦。这诗《木瓜》在唱的时候，一定要配合动作，肢体语言很重要，孩子们在唱这首诗的时候，即使不用讲是什么意思，在眉目之间，在言语之间，在手足之间就可以传达情感了。

最后我们来唱一个汉乐府的《江南》。乐府是自秦代以来设立的朝廷音乐官府，汉武帝时得到大规模的扩建，它的职责是采集民间歌谣或文人的诗来配乐，以备朝廷祭祀或宴会时演奏之用。它搜集整理的诗歌，后世就叫"乐府诗",或简称"乐府"。它是继《诗经》《楚辞》之后的一种新诗体。这首《江南》它是一首"相和"的歌,什么叫"相和"？前面的人说："诶——"后面的人回应："哎——",有问有答叫"相和"。这首诗很简单,基本上所有的孩子唱几遍就会了,无论幼儿园还是小学的孩子都很喜欢,很好学,也可以说是必读经典。我跟大家分享一下课堂上如何跟孩子互动。

这首诗读的时候就是按照平长仄短来读,这样才能读出情感来。从字面上感知,都有什么出现在你的眼前呢？荷花、鱼,还有水。还有什么？有一个采莲的人。荷叶、荷花、小鱼,美不美呀？特别美,我们眼前首先呈现的是一幅唯美的画面。我们在教学中,第一步先让孩子读准字音,其次是断句,最后才是分析文本。

江南·汉乐府

江南可采莲,莲叶何田田。鱼戏莲叶间。
鱼戏莲叶东,鱼戏莲叶西。
鱼戏莲叶南,鱼戏莲叶北。

"鱼戏莲叶北"的"北",它是一个仄声,以仄声收尾的,要干净利落,不要拖。

我们在课堂上可以有很多种形式,如果只是简单地一遍又一遍地唱,几遍过后可能就觉得没意思,那怎么办呢？我们可以做一个小游戏,在这篇经典中,有很多角色,有一位采莲人,我要邀请一个同学来做采莲人,站在舞台的中间,他来唱前三句,同时还有什么呢？还有小鱼,小鱼分为几个方向呢？四个方向。我要请四位小朋友扮成四条小鱼,东、西、南、北站好了,剩下的孩子怎么办呢？对了,还有荷花、荷叶,他们在水中左右地摇摆,这样全班就参与进来了。

那我们来试试,请"采莲人"唱前三句,"四条小鱼"可以在教室中"游来游去","鱼戏莲叶东"这句由东边的小鱼唱,"鱼戏莲叶西"由西边的小鱼唱,"鱼戏莲叶南"这句由南边的小鱼唱,"鱼戏莲叶北"由北边的小鱼唱。所有剩下的小朋友就都是荷叶、荷花了。看哪个小朋友最可爱。

小鱼们边唱边游，不亦乐乎！后面的莲花和莲叶也左右摇摆。这堂课就在欢声笑语中结束了，孩子们也记住了这首诗，简不简单？

《社学教条》中说："故凡诱之歌诗者，非但发其志意而已，亦以泄其跳号呼啸于咏歌，宣其幽抑结滞于音节也。导之习礼者，非但肃其威仪而已，亦所以周旋揖让而动荡其血脉，拜起屈伸而固束其筋骸也。讽之读书者，非但开其知觉而已，亦所以沉潜反复而存其心，抑扬讽诵以宣其志也。凡此皆所以顺导其志意，调理其性情，潜消其鄙吝，默化其粗顽，日使之渐于礼义而不苦其难，入于中和而不知其故。是盖先王立教之微意也。"

所以经典教学要顺应孩子的性情，根据儿童心理特点进行启发诱导，激发学习兴趣，使孩子能够出于内心，通过自己的思考而获得知识，这样的学习才是有效的。因此，在教学内容上，安排多种形式的授课内容，比如"歌诗""习礼"与"读书"相结合，可以大大陶冶儿童的思想和性情。那么，对于吟诵我们也要注意，既要遵守规则，又要善于变化，更要符合音韵规律。我们可以尽情地运用我们的智慧，为孩子们开发更多、更好的吟诵调。只要我们把经典教育的宗旨牢牢地记在心里，刻在心里，不忘为孩子终身谋幸福这颗初心，我们就能顺利地把孩子引向圣贤的大道。

第五章 经典教学常见问题

一、心性教育下的经典教学相关问题

（一）一般的经典教学和心性教育下的经典教学有什么不同？

一般的经典教学会死板地让孩子大量地读经；心性教育下的经典教学是随顺孩子的心愿，启发孩子内心的本善之心，引领孩子入圣贤之道。

（二）心性教育下的经典教学对老师的要求是什么？

自我修炼，自我成长，不只看现象，透过现象看心性，随顺孩子的本善，引导孩子快乐地走入经典世界。

（三）老师怎么能注意到孩子的心性？

首先要知道什么是"心性教育"，其宗旨和原理是什么，然后老师要修自心，练习对孩子心性的觉知力。在生活中细心观察孩子的点点滴滴，播种善的种子，发自内心地接受，相信，陪伴，等待。

（四）教经典的次第，建议从哪本开始教？

建议从《弟子规》教起，为什么？《弟子规》是行法，它和日常行为及生活连接紧密，直接能够落地用出来。老师教完"父母呼，应勿缓"，学生就知道如何与老师、父母应答了，慢慢地会越来越有礼貌。再比如"对饮食，勿拣择；食适可，勿过则"，就把吃饭的礼仪也扩展出来讲，学完这一课，孩子回到家吃完饭，会把椅子推回原位，再说上一句："我吃好了，大家请慢用。"这些礼节都是孩子们的必修课，孩子特别受益，父母看着也欣慰。教《弟子规》时，我们不建议句句都解释得清清楚楚，因为有很多事他没有经历过，所以无法理解，比如："待俾仆，身贵端。虽贵端，慈而宽。"这段话没有办法给孩子细解。但是到了孩子能理解的时候，你一定要讲解给他们，而且一定要用到生活中来。

（五）如何能让调皮捣蛋的孩子静下心来学习经典？

这个问题可以回归到教学体系，从宗旨到原理，从内容到方法，一步步地化解。孩子虽然淘气，但实际上淘气是因为什么呢？因为他的心灵没有被滋养和绽放。用心性教育来滋养孩子的内心世界，孩子外在所展现出来的就会不一样。

注意几个要点：第一，老师在教学的时候，有没有把握住给孩子一生幸福这一宗旨。第二，我们有没有让孩子喜欢上老师所给予的每一堂课。第三，教育要讲次第，最开始给到孩子的一定是孝道。

"夫孝，德之本也，教之所由生也""孝心一开，百慧皆开"，孝道是所有孩子都必经的教育，最能触动他的心灵，没有哪个孩子不受感动。我们讲父母的恩德，有十重大恩，一重一重地讲解，孩子的心就打开了，有的孩子说："老师，您再讲一遍吧，我们爱听。"讲完十重恩，孩子们开始跃跃欲试，要报答他的父母。

接着就可以讲《弟子规》的"入则孝"，教他们如何力行孝道，告诉孩子跟父母在一起时点点滴滴都应该怎么做，在家"父母呼，应勿缓"，在学校要不要"老师呼，应勿缓"？一日为师，终身为父嘛！然后讲师道尊严，古圣先贤们是如何尊敬老师的，看到孩子们受到触动了，再告诉他们怎样尊师。然后就是"出则悌"篇了。这样讲下去，再演一些自编自演的小剧目，让他们入心，假以时日，就会慢慢地转化成语言和行动。所以，所有的教育都要让孩子得到心灵上的真正滋养，孩子会返给我们意想不到的回报。

（六）如何引导孩子在生活中力行？

在我们的生活当中，做事并没有绝对的对和错，不是我们学了文化以后，就拿一把文化的标尺去丈量每一个人，包括我们的孩子和身边的其他人。

比如：我们教《弟子规》的时候，觉得这东西太好了。"父母呼，应勿缓"，所以觉得孩子听到父母叫他就应该赶紧过来，但是你没关注到孩子当时正在专注地做他喜欢做的事情，无形当中你破坏了他的专注力，你没有感受到他的感受。"己所不欲，勿施于人""用心感受别人的感受""为他人着想是世间第一等学问"，感知别人的能力很重要。

再说到教孩子，我们总觉得应该跟他们讲道理。比如：下课的时候，孩子们一窝蜂似的全跑出去了，桌子上所有的东西噼里啪啦往下掉，然后怎么办呢？我就专门准备了一节课"宽转弯，勿触棱"，开始给他们讲道理，发现效果并不好。你会发现学生并不喜欢听你引经据典地讲个没完没了。

后来我怎么办？直接带孩子们去做，去力行。下课的时候我们应该怎么做？拿出十分钟的时间，请同学们都坐好，现在就来演示一下，找一位小朋友正常地走出去，再找一位小朋友疯狂地跑出去，东西噼里啪啦掉下来，让他们自己感知哪个好，哪个不好。孩子们都很聪明的，马上就知道了。所以这个时候你再告诉他，这就是《弟子规》当中的"宽转弯，勿触棱"。

作为经典老师，我们并不能用我们认为对的行为方式，告诉孩子你们必须这样做，那就约束了孩子们的思想和行为，变成了道德绑架和行为绑架。所以我们在学文化、学经典的过程中，需要保持"中道"。

二、读经的注意事项

（一）读经注意

目前很多学校都在遵守"老实大量读经"的理念，王财贵教授提出这个理论时，当时在中国大陆还没有读经的声音，怎么办，先读起来，于是就有了"小朋友，跟我读"的六字真言。

近年来，中共中央办公厅和国务院办公厅已联合下发文件，要"把中华优秀传统文化全方位融入思想道德教育、文化知识教育、艺术体育教育、社会实践教育各环节，贯穿于启蒙教育、基础教育、职业教育、高等教育、继续教育各领域。以幼儿、小学、中学教材为重点，构建中华文化课程和教材体系。"弘扬中华优秀传统文化，如果我们还是停留在"跟我读"这个层面，中华优秀传统文化进一步的推广和传播恐怕就慢了。所以经典教育也要与时俱进。

《尊经阁记》说："尚功利，崇邪说，是谓乱经；习训诂，传记诵，没溺于浅闻小见，以涂天下之耳目，是谓侮经；侈淫辞，竞诡辩，饰奸心盗行，逐世垄断，而犹自以为通经，是谓贼经。若是者，是并其所谓记籍者，而割裂弃毁之矣，宁复之所以为尊经也乎？"古圣先贤也一再叮嘱我们切忌"乱经、侮经、贼经"。

（二）读经的三点禁忌

1. 不为读经而读经

有的家长认为，孩子在13岁之前记忆力特别好的时候，一定要多读经，读大量的经。我们站在孩子的角度上来说，孩子感觉这是为谁读的？不是为自己读，是为家长读的，是家长驾驭了孩子的思想。有期望就会有失望，当孩子达不到期望值时，家长往往不能接受。所以从小让孩子知道，要为自己读书。

2. 不为贪多而读经

《社学教条》中说："凡授书，不在徒多，但贵精熟。量其资禀能二百字者，止可授以一百字，常使精神力量有余，则无厌苦之患而有自得之美。讽诵之际，务令专心一志，口诵心惟，字字句句，绸绎反覆，抑扬其音节，宽虚其心意。久则义礼浃洽，聪明日开矣。"古人已经说得很清楚了，凡授书我们不在读多，但贵精疏，量其智力。读经就是反复的一个过程，在反复中达到熟练。将来孩子哪怕是从一个章节当中的几句话、几个字中能够有所领悟，有所用，都是他的收获。

3. 不为炫耀而读经

现在电视上有很多与经典诗词有关的娱乐节目，像"经典咏流传""诗词大会"，孩子们看这些节目，可以增长知识开阔眼界。如果小孩子参加节目展演，提前要给孩子导正。陶行知先生说："千教万教教人求真，千学万学学做真人。"站在台上是为了什么？是为了炫耀自己的才华吗？不是，因为才华不会成为永恒，一山更比一山高，没有尽头。站到台上是为了做好自己，感召他人，像日月星辰一样照亮别人，把自己学到的本领与大家分享，把中国的文化传播出去，我们是文化的弘扬者和传播者。

三、其他问题

（一）年龄小能不能学经典？

答案自然是能。年龄越小，接受新事物的能力越强，而且在 13 岁之前，孩子大脑正处于发育最高峰时期，他的记忆力处于黄金记忆期，如果开启读经教育的话，智力和记忆力都能得到有效开发。

孩子越小越能静下心来感悟，读经能培养孩子的定力和专注力。经典都是文学性很高的篇章，对孩子的文学素养、文字内涵都是积累的过程。而且，很多蒙学经典的功用都有"识字正音"的作用。在古代，孩子六岁前就能识字三千，这是从小就读经典最好的例证。

（二）不理解能不能背诵经典？

当然可以。这里有一个成人记忆方式和儿童记忆方式的区别问题。科学已经证明，成人采用理解记忆方法，而儿童使用的是非理解记忆方式。就是说，大人想记住什么东西，一般要先弄明白，才能记住。而儿童完全不是这样，什么东西反复多了，他都能记住，而且记忆的特点是，记得快，忘得慢。一个婴儿呱呱坠地后，两年多的时间，就学会了一个国家的语言，他们学得一点也不累，也不会觉得难。而对于大人来说，学习一个国家的语言，则犹如"蜀道难，难于上青天"。所以，那些让儿童理解再记忆的方法，不仅会让孩子学起来感到困难之至，而且也会让他们失去学习的兴趣，以至于对学习经典产生畏惧和抵触的心理。

其次，前文说过，有些经典是用一生去体悟的，并非一朝一夕就能读懂。意大利著名作家卡尔维诺在《为什么读经典》一书中说：

（经典）这种作品有一种特殊效力，就是它本身可能会被忘记，却把种子留在我们身上。经典作品是一些产生某种特殊影响的书。

所以，经典是一颗"智慧的种子"，并非马上开花、结果。还有一点需要注意，诵读内容的多少、背诵快慢因人而异，切勿整齐划一。

（三）如何创建经典教学的校园文化？

首先，环境有时候也是一种教育，我们简称"境教"。学生通过"眼见""耳闻""意思"，如随处可见的经典格言，课间听到的经典曲目，课上引发思考的经典内容，老师和同学口中朗朗上口的经典格言，都可以营造出经典的氛围。

其次，可以定期开展"校园经典月""经典诗词诵读""经典小剧目展演"等系列活动。

让天下的孩子在圣贤的注视中走向光明

—— 李显峰老师在经典教学研修班上的讲话

尊敬的各位老师，远道而来的朋友们，大家好！

经典教学一直是金爱颖老师和王伶老师她们在主讲，在具体教学方面我没有她们专业，讲了也怕误导大家，我就说一说我对文化、对经典的一些情感吧！

大家都知道，一个民族要走向富强、走向和平、走向康宁是非常不容易的一件事，要历经很多波折。中国几千年的历史，中间能够谈到盛世的时代，总量不多。中国经历过很多战乱，这个国家为什么能保存到现在而没有灭亡？这是很多人要问的一个问题。最核心的原因是什么呢？是中国有自己的民族文化。文化是什么？我们发现，文化就是一个民族的命脉，有文化就有命，没文化就没命。文化好，命就好；文化衰，命就衰。

我们看世界很多民族的历史，很多国家的历史，很多家族的历史莫不是如此。我国在上个世纪经历了很多战祸，但为什么能这么走过来？因为有文化。有文化就有人才，有人才就能推动国运。我们看到上个世纪拯救中国的伟人，毛主席、周恩来、邓小平都是在中华文化的孕育中长大的，他们流着中国人的血，有着中国人的样子，他们是中国文化的象征。所以有了文化才造就出这批人，这是我们今天看到的一个现实。

在中国，那些有远见卓识的人，都知道文化的重要性。比如说我们的习主席，比如说前两年过世的南怀瑾老人家。南老说，文化如果断了，这个民族就没了。

我们再看犹太人，因为犹太民族的文化没有断，虽久经波折，还是建立了以色列，它是靠文化建立的国家。以色列这个国家也是命途多舛，但根据文化的推断，他未来要走向百年，没有大的问题。可是目前看起来很强大的国家，因为本身文化的先天不足，未来百年当中可能会经历很多我们不愿意看到的景象。

中国未来命运就在于文化。然而今天我们看到教育很难培养出人才，为什么？我们在教育一线遇到很多困惑，教育为什么不能出人才？教育是载体，而文化是它的灵魂，如果灵魂都没有了，只靠教育这个载体，它没有道，没有心，它怎么能出人才？人们行走在慌乱无序中，却不知道这里的问题。

那么，文化想要传承，怎么传承？大家想过这个问题吗？文化如果要传承，要弘扬出去，离不开三大硬件，叫三宝：

第一个宝，就是圣贤。如果没有圣贤，那这个民族就麻烦了。中国人对这件事是很敏感的，所以要修建孔庙，每年要去祭孔。为什么中国人要到曲阜去祭孔？因为孔子代表中华民族的一种精神象征，一种人格力量。

孔子被尊称为圣人，正如司马迁评价的那样，"天下君王至于贤人众矣，当时则荣，没则已焉。孔子布衣，传十余世，学者宗之。自天子王侯，中国言六艺者折中于夫子，可谓至圣矣！"为什么天子王侯、历代学者如此敬仰和崇拜孔夫子？因为他是中国精神高度凝练的体现者，是大智慧、大慈悲和大理性的代言人。他想的是国家命运的兴旺、天下百姓的安康。想这个有什么好处？如果每人都这么想，这个国家就可以常保下去。如果今天的每一个省长、每一个县长、每一个企业董事长、每一个学校校长，都像夫子这样思考问题的话，这个国家命运如何呢？一定是世界上最强大的国家，而且越来越繁荣富强。

孔夫子不是神，他是中国人的代表，是最完美的、最合格的、最高尚的中国人。中国人越像他的时候，国家就越富强。

什么叫胸怀天下，人类命运共同体啊！从历史到今天，所有圣明君王和夫子都有一样的情怀，唐太宗、毛主席、习主席，他们都很像，他们的情怀是一样的。所以我们为什么尊敬圣贤？因为圣贤有中国的人格象征在里面。这是三宝的第一宝。

第二个宝，就是我们的经典。文化要传承，经典是不能断、不能丢的。经典如果丢了，文化就彻底断了。犹太人能走到今天，是靠他们犹太的《圣经》走过来的。中国也是这样子。所以中国人要读中国自己的经典，这是一个民族的血脉传承。

我们到其他国家去看，每个国家的孩子从小都在学本民族的经典。那么中国的孩子要不要学中国的经典呢？要。经典如果断了还怎么谈文化啊？因为圣贤文化就记载在经典中，优秀的文化体现着圣贤思想，叫文以载道。经典能载这个道，文化必须在经典光芒的照耀下才能够载道。如果没有了经典，道就无处可寻了。所以经典是不能断的。

现在社会上诸如家长学家庭教育，企业家学企业管理等，都是快餐式的，因为他们时间太少，来不及一本本经典读。他们需要救急，要马上去解决问题，这种做法也是对的，但是我知道这里是有缺憾和不足的。成年人可以这么学，临时地解决当下的问题，可是小孩子如果不学经典不行。因为小孩子和成年人比，时间是足够的。成年人一年拿出十天时间学习很不容易，可是小孩子拿出100天、200天学习，都很轻松。成年人学一小时都很累，小孩子连着学三小时也很轻松。童年正是系统学习经典的好时光，所以我建议小孩子系统学经典，成年人学经典课程，这样文化能传下来。

如果经典断了，文化就断了；文化断了，命就没了，这个民族走不了多远。大家看我们近邻苏联，苏联立国立在哪里？立在马列主义，马克思、列宁，他们是全世界无产阶级的伟大领袖，但是苏联这个国家很奇怪，它自己把马列主义给砍了，不尊重马列，不认马列，所以导致它后来莫知所踪，很彷徨。苏联再寻求发展，想从历史上往前推又找不到可继承的东西，它的历史找不到圣贤，只是有几个文学家而已。所以苏联在这个问题上就非常尴尬，发展就不自信，到后来1991年分裂了，回不来了。到现在俄罗斯能起来，只是靠人啊，靠叶利钦、普京这些人撑着。一旦没有这种人物出现，将再次衰弱。所以那几个小国家，像乌克兰都起不来了。

经典是不能少的，一定要千方百计传给后人，否则我们后人是怎么输掉的自己都不知道。为什么四大文明古国只有中国留下来了？中国没有断的原因是因为中国有圣贤，圣贤所创造的是道，而道建立的是共赢，共赢才能共存。

在中国文化中，道讲的是共赢，比如说父慈子孝、夫义妇德、兄友弟恭等，讲的都是共赢。它们符合道，有道才能共赢，因为共赢所以能够长存。那为什么历史进程中有过间断，没有长存？没有长存不是道的问题，是传道出的问题。所以中国是有圣贤的，中国能够长存是有原因的，中国有长存的密码在里面，就是道，就是经典。

第三个宝，就是师宝。传承文化的好老师，传承经典的老师，这是在座的你们。

中国的经典如果想传承下来，必须有足够多的优秀的经典教育老师出现。人能弘道，非道弘人！这八个字大家要牢记，这是千年古训。

道是靠什么传下来的？靠人，靠老师，靠我们。道再好，老师没有了，传不下去，没用。"师者，传道授业解惑者也"，道再好，没有好的老师，只靠个人读经典，靠个人思考理解，容易有很大偏差，也难解圣贤的本意。

圣贤、经典和老师，这三个宝一个都不能少。要有圣贤，圣贤还在，国家很重视圣贤。要有经典，经典在，让孩子们读起来。还需要有一些非常好的老师，能够弘道、传道的老师。人能弘道，非道弘人，必须靠人把道弘起来。所以三宝要同立、同存、同行。

因为这个原因，我看到立德培训中心在办经典教学班，我是非常赞成的。我们认为，不仅是要教孩子读经典，还要负责把道传下去。

传道以后，开始去育德。德是孩子的好品质、好习惯、好素养、他行走社会的功夫。再以此来养心，养了心就可立命。到立命的时候，我们的教育才算完成。

传道、育德、养心、立命，都是我们老师的责任。这些事情如果不是老师来教的话，孩子就很难学会。

大家也会有疑惑：为什么我们在经典教学上会有一些困难？这是因为这些事大家没有去研究过如何用经典传道，如何用经典去育德，如何用经典给孩子养心，如何用经典给孩子立命。所以经典教得好，你的孩子命就很大、很强、很硬、很高、很远、很宏伟，这样的孩子真是了不起，这才是真正的桃李满天下。这样的教育才是真的做对了。

儒家的"道"，偏于八德为道。孝悌忠信、礼义廉耻。这八德在经典上都有记载，非常重要。传承这八德，文化才能推出去，民族才能保住未来。如果没有这八德，我们国家老一代人用头颅热血所拼的天下是托不住的，就类似于万贯家财，出了败家子，守不住。因为你不会守，不会抓核心——八德，儿孙就起不来，后劲不足，整个社会陷入混乱。人们不知道怎么去走向未来，尤其未来中美大国竞争、人工智能到来、电子产品出现、人类地球村的问题等，更加需要我们用道来面对，用八德来把它化解。现在整个社会的情况是：道德下滑，德出了问题；价值观不对，道出了问题；心理疾病，心出了问题；现代人自杀，命出了问题。所以我们在弘扬八德，就是在挽救世道人心，就是在力挽狂澜，就是在"诚意、正心、治国、平天下"。所以经典教学这个意义太重大了，人能弘道，起了重要作用，所以三宝当中最后一宝落到了这里。

圣贤宝、经典宝和老师宝，三者联合起来推动，才能把文化一代代传下去。

我们这一代人困难和机遇同在。困难是什么？是过去这百年文化断了，所以不好接。机遇是什么？国家有政策，百姓有期待，我们还有行业交流，经过这一二十年的摸索，我们国家的经典教学已经从无到有，这是个奇迹。我觉得我们的国家很了不起！

看到我们学校的老师搞经典教学教研，我想不到的是，我们这些曾经对经典一无所知的人，经过十几年的摸索，也能把经典教学摸索到今天这样的程度——孩子们有德了，习惯变好了，心变好了，老祖先没有遗弃我们，觉得我们还是可教的后人，所以把各种方法婉转地、隐隐约约地教给我们，让我们今天能够享受这份圣贤的遗产，这是很值得开心快乐的。我们还能有机会重回到经典盛世，我们把这个接住就好，这都是机遇。

同时我们也知道机遇背后有危机，危机还不轻。如果这项教育工作我们再拖10年，会有一大批孩子掉进去，回不来，他们的生命会陷入黑暗。生命有四种状态：从黑暗到黑暗，从黑暗到光明，从光明到光明，从光明到黑暗。怎么到的光明，生命怎么走向光明？就是靠三宝帮助的。所以圣贤、经典、明师，他们的出现是帮助人从黑暗走向光明的，从光明继续走向光明。如果没有这三宝，生命要么是从黑暗到黑暗，要么从光明到黑暗，这是必然的。这四个生命现象，说的就是文化的力量。

文化是一个人，一个民族，一个国家的命脉，我们今天要把文化承接下来，就要在文化上发力。所以大家坐在这里学习，意义非常重大，不管我们这一次迈出多大一步，对于整个国家来说都是迈出了重大一步，我们要不断地去研究。当初，我们立德培训中心的几位老师跟我来沟通的时候说："李老师，这项工作很难，虽然我们探索出一些经典教学经验来，但怎么让大家都得到并领会这些经验，还真不容易。"我说："不容易也得做，因为这是没有退路的，是必须得做的。"经典可以不传承吗？老师能不培养吗？如果我们这个事不做了，做失败了，将意味着什么，这个国家还会有未来吗，子孙还有未来吗？当我们老的时候，就会像杜甫那样写他不愿意写的诗——"国破山河在"！我们不希望有那样的一天，我们希望中国未来是盛世，希望代代薪火相传。

所以趁着我们年轻，一起去努力，共同探索，尽可能把我们所学的传给大家。大家要努力去学习，学完之后，再把所学的悟出来，要悟这个道，去明这个德，然后再去教孩子们。我们相信路会越走越光明，最终有一天，我们的孩子都会获得最好的文化沐浴，都有了华夏人的风范，在他们身上能看到大国气象的回归。而我们这一代经典传承者就不枉此生了！

我们在这条战线上已经奋斗了多年，奋斗的原因就是希望看到天下孩子都学上文化，都读上经典，让孩子们的人生真正有文化、有光明，去驱散所有的黑暗。所以从2020年开始，今后的十年，到了一个打攻坚战的阶段。不管是先行的经典教学老师，还是后来的经典学习者，我们要想一些办法，把经典普及出去，把道传出去，把经典老师培养出来，让天下的孩子都能在圣贤的注视中走向光明。

祝福大家！